JN418625

당신 정말 이럴거야

Orum Edition

김선균 교수 시사에세이집
당신 정말 이럴거야

펴낸날_2013년 4월 15일
지은이_김선균
펴낸곳_기획출판 오름
등록번호_동구 제 364-1999-000006호
등록일자_1999년 2월 25일
주소_대전광역시 동구 삼성1동 122-2
전화_042.637.1486
팩스_042.637.1288
E-mail _ orumplus@hanmail.net

ISBN _ 978-89-90151-94-0

값 10,000원

당신 정말 이럴거야

김선균 교수 시사에세이집

나는 위대한 대한민국을 원한다

PROLOGUE | 책머리에

1969년 3월에 시작해 2009년 8월에 정년을 하여 40년 6개월을 한 대학에서 교편을 잡았으니 인생 전부를 그곳에서 보냈음이 틀림이 없다.

1965년 ROTC 3기로 임관하여 최전방 DMZ 소대장으로 군복무를 마치고 교편을 잡아 교수라는 이름으로 평생을 살았으니 내가 바라보고 생활한 세상이 얼마나 외골지고 좁았겠는가? 가끔은 뒤돌아보는 여유쯤은 가질 수도 있었는데 앞만 보고 달렸었다. 작금에 와서 생각하니 맡은 일에 최선을 다한 것 같지도 않고, 형식적인 틀에 박혀 삶의 내용에 화해하지도 못했던 것 같다.

끊임없이 긴장하고 고뇌하며 땀 흘려 더 많은 연구를 할 수도 있었을 것 같고, 제자들에게는 한뼘쯤 다가가서 인생을 논하고 희망찬 미래를 심어 줄 수도 있었으며, 친구들에게는 가슴을 열어 다정다감할 수도 있었는데 그러지 못한 것이 아쉽기만 한 것은 나이 탓만은 아닌 듯하다.

나이가 들수록 가족의 존중과 배려 속에서 행복하게 노년을 보내야 하지만 핵가족의 중심에서는 겪어 본 사람은 다 아는 추측일 뿐이다.

소크라테스가 연상인 캐팔로스에게 '노년은 인생에서 힘든 시기입니까? 아니면 그렇지 않습니까?' 하고 물으니 캐팔로스가 답하기를 '소크라테스여, 노년은 성격에 따라 다릅니다. 분별력이 있는 좋은 성격이라면 노년은 견디기 쉬울테고, 그렇지 않다면 노년 뿐 아니라 청춘도 고생보따리 아니겠소' 라고 했다.

사랑과 관심과 인정은 인간의 근본적인 정신적 욕구이며 적당한 거리 속에서 존재의 관계가 조율되어야 하는 지속적인 노력을 필요로 한다. 그런 속에서 미래의 노인 모습이 딱히 손에 잡히지는 않지만 그래도 많은 노인들이 옛날을 그리워함은 전통적인 관례를 중시하기 때문은 아닌지.

젊음이 노력으로 얻어진 상이 아니듯 늙음이 내 잘못으로 하여 얻어진 벌이 아닐진대 고독하고 외로워지는 것은 아린 감정으로 저려오는 가슴의 회한일 뿐이다.

정년 후 사회생활을 하는데 보탬이 될까하여 사회복지사 자격증을 따는데 한해를 보냈고, 다문화가정을 위해 조그만 무엇을 할 일이 있을 것 같아 한국어 강사 자격을 취득했다. 그러나 이런 자격증이 어디 하나 쉽게 쓰일 곳은 없는 듯하다. 그래도 내가 노력해서 취득할 수 있는 자격이 있다면 더 취득하고 싶다.

지난 겨울은 유난히도 추웠다. 엄동을 이겨낸 생물들이 기지개를 펴고 깊은 숨을 내쉬는 봄이다.

하얀 비단을 바닷물에 담그면 쪽빛으로 물들 것 같은 이 봄에는 또 다른 이름으로 불리워지는 들꽃들이 바람의 노래 소리에 아름다운 춤을 춘다. 봄이면 매화꽃이 피고 매화가 절정에 다다를 쯤 산수유의 노란 꽃망울이 터지며 산수유가 시들 때쯤이면 벚꽃이 피기 시작한다. 인생길에서 겨울을 맞이한 내 나이에 봄이 되어 아름다운 꽃으로 이어지는 삶의 여정을 다시한번 가져보고 싶은 것을 욕심으로 돌려야 하나…

이 시사에세이집은 2009년 4월에, 정년을 맞은 기념으로 제자들에 의해 초판을 냈고, 그 후 신문에 기고했던 10여 편의 글을 더하여 수정증보판을 내게 되었다.

『여름에 쓰는 수필』이란 표제를 『당신 정말 이럴거야』로 바꾸었고 편편마다 수정도 적지 않게 했다. 이해를 돕기 위한 것만을 남겨놓고 한자는 한글로 바꾸었다. 아울러 최우영 교수가 써 주신 정년기념 축사와 김용재 시인이 써 주신 에세이집 출간기념 축시를 함께 실었다. 은혜에 감사드린다. 본래 잔학비재 한 글이라 읽히는 것이 부끄럽기만 하나 한권의 책으로 엮어두는 것이 한 사람의 인생을 정리하는 의미도 있을 듯하고, 항상 옆에서 같이 늙어가면서 힘이 되어주는 아내 이정영 교수와 가족들에게 고마움을 전하는 의미로 다가설듯하여 힘을 모은 것이다.

독자의 질정을 감수하며 주변의 모든 은혜에 머리 숙인다.

2013년 3월 버드내 산장에서

1부 | 밀레니엄 인생

2부 | 고향에 살으리랏다

3부 | 와우각상쟁 蝸牛角上爭

4부 | 여가 아노미 현상

5부 | 남북의 차이 15cm

1
밀레니엄 인생

1 사라지는 빙하, 소방귀도 위험하다

북극 주변의 툰드라 지역과 야탄습지에는 죽은 식물들이 분해되지 않고 엄청나게 쌓여있다. 죽은 식물들의 유기물은 썩지 않고 축적돼 있는데 이는 낮은 기온과 페놀릭이라는 물질 때문이다. 현재 대기 속의 이산화탄소 총량은 750기가t인데 북극주변에 쌓여 있는 유기물 속의 탄소량은 455기가t으로 60%정도에 해당된다. 동토의 북극이 녹기 시작하면 이 유기물들은 분해되기 시작할 것이고, 이렇게 되면 대기중의 이산화탄소의 농도는 두배 가까이 늘어날 것이다. 이로 인해 지구의 생물 중 습지 식물과 토양미생물에 직접 영향을 미쳐 메탄가스라는 다른 강력한 지구 온난화 기체를 발생시키게 되고 하천 속의 탄소량도 증가시키게 될 것이다.

지구 온난화는 여러 수치로 나타내는데 그 과학적인 근거는 평균기온의 상승, 빙하 면적의 감소, 해수면의 상승, 강수량의 변화 등이다. 지구 온난화의 주범은 이산화탄소로 온실기체의 80%를 차지하지만, 그 외에도 메탄가스, 염화불화탄소, 이산화질소, 수증기 등도 원인 중 하나다. 메탄가스는 이산화탄소의 200분의 1의 양이 배출되지만 효과는 20배 이상이다. 그 중 소나 양같은 반추동물의 트림이나 방귀로 발생하는 양이 24%나 된다.

반추동물이 식물을 먹으면 혐기성 세균이 장속의 식물분해를 도와 소화를 하게 되는데 이때 메탄가스가 발생하게 된다. 그래서 에스토니아는 반추동물에 의한 메탄가스 방출을 막기 위한 여러 방법을 연구하던 중 '소방귀 세'를 도입하게 되었고, 덴마크도 도입을 추진하고 있다.

전 세계에는 15억 마리 이상의 소가 사육되고 있다. 영국의 한 회사는 마늘을 사료첨가제로 이용해 반추동물의 트림이나 방귀를 줄이는 상품을 내놓았다. 마늘 속의 알라신이라는 물질이 혐기성세균으로 인한 메탄가스의 방출을 억제시키는 작용이 있는 것을 이용한 것이다. 전문가들에 의하면 소 한 마리가 하루에 배출하는 메탄가스의 양은 100~500리터로 자동차 한 대가 하루에 내뿜는 온실가스의 양과 맞먹는다.

북극의 거대한 빙하는 지구 온난화 영향으로 매년 녹는 속도가 더 빨라지고 있다. 산업화의 결과 생긴 온실가스의 증가는 그 증가분만큼 지구 온난화를 가져오는 것이 아니라 원자폭탄이 폭발할 때와 마찬가지로 연쇄폭발을 일으키게 되어 온난화 현상은 가속될 것이다. 극심한 겨울 가뭄 속에 맞이한 봄은 아직도 혹독하게 추운 겨울 경제 속에 있다. 우리나라의 실업자는 100만명에 육박하고 있으며 정부는 2009년 경제 성장률을 마이너스로 내다보고 있고 OECD 또한 마찬가지다. 정부는 실업자 구제와 경제 활성화 정책의 일환으로 '녹색뉴딜' 정책을 내놓았다.

맑고 깨끗하여 개울가 아무곳에나 입을 대고 마시던 물이 지금은 오염되어 농업용수나 공업용수로도 사용하지 못하는 실정이다. 어디 그뿐인가? 강원도 일부지역은 생활용수는커녕 식수마저 고갈되어 소방차가 실어다주는 물로 생활을 하고 있다. 농민들은 모내기가 시작되면 물 때문에 더 애가 탈 것이다.

세계 인구의 25% 이상이 물 부족 현상을 심각하게 겪고 있다. 우리나라도 머지않아 물 부족 국가가 될 것이라는게 전문가들의 경고다. 녹색뉴딜은 환경오염으로부터 깨끗한 물을 보존함은 물론 공기 토양 등의 오염을 예방하여 환경을 보존하고 경제를 살리며 지구 온난화를 줄이는 효과가 있을 것이다.

따듯하고 싱그러운 봄날을 맞으면서 지구 온난화를 막을 수 있는 방법 하나는 한 그루의 나무라도 심는 것이다. 작은, 소월의 진달래라도 좋을 것이다. 올 봄엔 나무를 심어보자. 우리 지역은 물론이요, 지구를 살리는 하나의 작은 실천이다.

2009. 3. 30. 중도일보

2 밀레니엄 마지막 달의 주적 개념 시비

지난 6월 남북 정상회담과 남북공동선언 이후 남북간의 화해·협력이 가속화 되고 있다. 그러나 남북관계 개선속도가 너무 빠르다. 무엇인가 불안하고 잘못되었다는 식의 논리가 일부에서 전개되고 있는 것도 사실이다. 지난 12월 10일에는 남북장관급 회담을 앞두고 북한 조평통의 대남 방송은 우리 국방 정책의 근본을 들먹이고 있다. '국방백서 2004'에 현실적 군사위협이 해소될 때까지 북한은 주적 개념을 유지할 것이라고 했는데 이를 문제 삼아 "남조선 당국이 전쟁열에 들뜬 반통일 분자들을 당장 제거하고, 주적 개념을 당장 철회하지 않으면서 남북협의 사항이 제대로 지켜지지 않을 것"이라고 위협했다.

또한 "통일의 최대 장애는 북한체제"라는 결과가 담긴 통일부 여론조사까지도 거론하면서 남북대화 전반에 대해 발을 빼는 듯한 태도를 보이고 있다.

우리는 이런 북한의 주장은 어불성설이며 꼬투리를 잡기 위한 의도적인 수순이라고 생각된다. 북한은 아직도 남한의 적화를 명분화한 노동당의 규약을 그냥 둔 채 남한의 주적 개념을 문제 삼으려는 것은 어떤 의도인지 알 수 없다.

11월 3일 북한이 돌연 대한적십자사 장충식 총재의 《월간조선》 인터뷰 내용을 문제 삼아 장총재가 이산가족 상봉 중 일본으로 출국하는 사태가 벌어졌으며 10월 9일 노동신문에는 '낮은 단계는 연방제로 가기 위한 잠정적 조치'라는 내용을 발표했으며, 12월 5일 평양방송은 '북남공동선언은 연방제 통일에로 나가는 길을 명시'하는 것이라고 했다. 물론 이런 것들이 의례적인 문제 제기일 수도 있고 또 내부 단속용으로 이용될 수 있다.

그러나 그간의 북한은 회담을 하고 싶으면 하고 연기하고 싶으면 일방적으로 연기하였으며 남한 당국자의 말 한마디를 꼬투리 잡아 시비하기가 한두번이 아니었다. 최근 들어 북한이 각종 회담과 합의사항 이행을 연기하는 가운데 자신들의 비위에 맞지 않는 남한내 여론이나 의견들에 대해 사사건건 시비를 거는 것은 남쪽으로부터 얻을 것이 더 이상 없다고 판단하여 판을 깨려는 속셈은 아닌지 염려스럽다.

북한의 실질적 위협이 사라질 때까지 국민의 생명과 재산을 책임지고 있는 군당국이 북한의 주적 개념을 그대로 유지한 '국방백서 2000'은 안보의식의 변화에 따른 북한과의 적대관계 폐기주장에 쐐기를 박겠다는 의지로 보여진다. 남북간의 화해가 진전되고는 있지만, 북한의 현실적 군사위협이 생존하고 있는 한 안보문제는 확실히 하여야겠다는 국방부의 의지로 국민안보의식을 더욱 공고히 해준 것이다.

금년 들어 북한은 4개 사단을 증편했고, 야포 300문, 전투기 20대를 각각

늘렸으며, 주요전력 55% 이상, 전투기 790대 중 약 40%를 전방지역에 배치하고 있어 우리에게 위협을 한층 더해 주고 있다는게 사실이다.

북한이 실질적으로 군사력을 감축하여 전쟁위협을 줄여 남북관계를 개선하지 않는 한 남한에서의 주적 개념 폐기는 자칫하면 군의 위상에 혼란을 가져오고, 북한군의 오판까지도 불러올 수 있음을 인식하여야 한다.

튼튼한 안보야말로 국가생존의 문제일 뿐만 아니라 남북 관계 진전에도 도움을 줄 수 있다. 앞으로 상호 신뢰 속에서 군비제한과 군비축소 등을 통하여 평화 구축을 위한 제반 군사조치들을 협의하여야 할 것이다.

남북의 평화 협력을 위해서는 무엇보다도 군사적 신뢰구축이 절실하게 요구되며 군사적 신뢰야말로 이 땅에서 전쟁을 제거하고 평화정착을 앞당기는 지름길이 될 것이다.

새해에는 말꼬리나 잡아 시비하는 남북 대화가 아닌 실질적이고 생산적인 평화통일로의 회담이 열렸으면 하고, 우리도 진정한 믿음과 사랑 속에 하나가 될 수 있는 마음을 갖고 더욱 가슴을 열고 북한을 받아드리며 평화와 화해 협력이 이루어지는 남북 관계가 되기를 간절히 기원한다.

3 밀레니엄 인생

Millennium의 어원은 천을 뜻하는 라틴어 mille와 년을 뜻하는 annus의 합성어로 1천년의 긴 시간을 말한다. 밀레니엄은 물리적인 단순한 시간의 흐름이라는 개념에서 보다도, 시간의 흐름속에서 창출되는 종교, 정치, 과학기술, 경제체제 등의 변환과 그 변환의 動因(동인)등이 인류의 삶의 조건 및 생활방식에 미치는 결과에 대하여 주요한 의미를 갖는다.

인생을 80년으로 본다면 우리는 70만 시간(24x365x80)을 살게 된다. 이것이 우리에게 주어진 시간이다. 여기서 40년을 일한다고 보면(25~65세) 7만 시간(하루 7시간x250일x40년)을 일하게 된다. 한평생 주어진 시간에 10%를 일하는 셈이다. 우리는 이 7만 시간을 어떻게 활용하느냐에 따라 한 사람의 생애가 결정된다. 미국에서 성공한 5명의 여사장이 성공의 비결을 이야기하는데 다같이 〈다른사람이 놀 때 우리는 아침 일찍부터 저녁 늦게까지 일한

Hard Work에 있다〉라고 했다.

우리는 많은 경제학자들이 인생설계를 네 구분으로 나누는 것을 본다.

첫째, 사회능력배양기 (출생~30세까지) : 학교~ 사회인이 되는 시기

둘째, 전문능력형성기 (30세~60세까지) : 직업인 ~ 전문가가 되는 시기,

30년~ 1만 950일(하루 한시간씩 전공에 투자한다면)

셋째, 자립능력형성기 (60세~65세) 주변정리~ 자립준비

넷째, 종신현역기 (65세~ 사망시) 정년퇴임 (해방) – 자립체제, 노인 power 시기

문제는 계획을 세우느냐 안세우느냐에 있다. 지금 세계에서 제일 주목받고 있는 나라는 싱가포르이다. 세계 각국의 이름 있는 경영자 16,000명에게 설문지를 보내어 「세계에서 21세기에 가장 경쟁력 있는 나라가 어느 나라인가」를 물었는데 압도적으로 싱가포르가 1위였다고 한다. 현재는 미국이 1위, 싱가포르가 2위, 3위가 일본인데 다음세기엔 17위가 된다고 한다.

싱가포르는 정보화와 영어, 이 두개의 무기로 전세계의 일류국가가 되었다. 싱가포르의 창기국제공항은 10년 전에 이미 세계 제일이 되었고, 97년에 전가정에 광화이버를 설치하여 세계 처음임을 기록했으며, 국민소득은 스위스를 제치고 세계제일로 예상된다. (미국과 일본이 가정에 광화이버 설치하는 것은 2010년에 완성예정이다.)

스위스의 경제조사기관이 「21세기에 성장하는 나라」를 조사했는데 역시 1위는 싱가포르였고, 2위는 뉴질랜드였다고 한다. 뉴질랜드는 10년전 과감한 행정개혁을 단행하여 국가 공무원을 76,000명에서 36,000명으로 반이상 줄었고, 운수업은 300명에서 50명으로 감축했다.

체신부는 기본적인 편지배달만을 하기로 하고, 소포, 화물취급은 민간인 택배업자에게 이양했다. 당시 재무장관 로저다그라스의 이름을 딴 유명한

「로저노믹스」의 개혁 기본원칙은 〈기득권 포기 Romove priivilege〉였다.

침체했던 영국을 일으킨 대처 수상, 그는 개방화와 자유화를 통하여 유럽에서 가장 활력소가 있는 영국을 만들었다. 런던은 세계 금융기관의 집합소로 만들어 사무실을 대여했고, 고용증대로 실업자를 격감시켰으며, 납세율을 증가시켰고, GNP에 있어서 금융산업이 점유하는 비율은 영국이 17%, 일본 5%로 격차가 12%이며 금액으로는 일화로 약 60조엔(600조)정도가 된다. 특히 토니블레어 수상의 등장은 새로운 변화의 물결을 영국에 불러 일으켰는데, 그게 바로 새 영국 New Britain이며, 이것은 New Identity 국민성의 특성화, 정체성으로써 영국의 새 이미지를 부각시켰다. 새 영국을 이론적으로 무장하는 싱크탱크인 〈데모스〉가 5개 항목을 창출했는데 Mark Reonarld는 영국의 특성화를 6개로 구분했다.

1. 유럽과 미국을 연결

동서남북간의 가교로써 영국을 상품, 정보, 금융 등의 세계중심지로 만들어 96년에 런던을 방문한 관광객이 1,400만명이고 금융시장의 매상고가 세계최초로 N.Y이나 동경보다 높다.

2. 창조력이 풍부한 나라

다윈에서 호킹스까지 창조력이 승화되고 많은 학자가 배출되어 90명의 과학분야 노벨상 수상자를 보유하고 있으며, 세계의 컴퓨터 게임의 70%가 리버블로부터 50km 이내에서 제작되고 디자인, 패션, 건축 등 세계의 지도적 입장이 되었다.

3. 잡종의 나라

흑인, 인도인, 파키스탄인, 방글라데시인, 중국인 등 혼합해서 살고 있지만, 유럽에 비해 인종충돌이 적다. 종교로 영국국교인 성공회(기독교)외 가톨

릭, 이슬람, 힌두교, 유태교, 시크교, 바하이교, 불교 등이 공존하고 있는데 상호 배타적이 아니다.

4. 비즈니스에 개방된 나라

대처수상이 New Business의 장려로 많은 벤처기업이 탄생했고, 소매상의 매상이 영국 국내 총생산의 1/4을 점유하고 있다. 유럽에서 제일 수익이 높은 소매상의 10개사 중 8개사가 영국회사다.

5. 조용한 혁명의 나라

산업혁명을 처음으로 시작했고 민주적 국유화 민영화를 최초로 시작한 나라다. 모범적인 의회제로 행정개혁과 행정모델은 여러 나라의 주목을 받고 있다. 1996년~1997년 사이에 영국의 행정개혁을 배우기 위해 100개국 이상의 나라가 영국에 조사단을 파견했다.

6. 페어플레이의 나라

대규모 복지국가의 선구적 역할을 하며, 세계적 자선단체인 Oxform, 인권단체인 엠네스티 인터내셔널, 환경단체인 프렌즈 오브 아스(지구의 벗)등이 설립되어 활동하고 있다.

이상의 6개의 이미지를 세계에 각인시켜 영국은 〈새로운 영국〉으로 포장되었으며, 변화와 개혁은 새로운 나라를 탄생시키며, 새로운 나라로 탄생된 국가들은 대부분이 영어와 정보화로 이루어졌고, 21세기의 삶의 필수적 무기 또한 영어와 정보화다.

이렇듯 세계가 밀레니엄 시대를 맞아 새로운 삶의 창조를 위해 노력하고 있는데, 우리는 과연 무엇을 하고 있는가를 생각하고 새로운 시대에 우리의 인생은 어떻게 살아야 할 것인가를 설계해야 한다.

2001. 1

4 변화되는 북北을 보고싶다

지난 반세기 동안 우리 8천만 한민족은 남과 북으로 나뉘어 서로 다른 이념과 체제 아래 상이한 삶을 살아오면서 생활양식과 가치관이 달라졌다.

또한 남북한은 경제·사회·문화적 삶의 질에 있어 현격한 차이를 나타내고 있고, 단절과 폐쇄로 인해 남북 주민간에는 자유로운 왕래는커녕 서로간에 안부편지조차 주고 받을 수 없는 상태에 있다. 그러나 우리는 북한 주민을 다른 나라 사람으로 생각하거나, 북한 지역을 다른 나라로 생각하지 않고 단군 이래 하나의 민족국가를 형성하여 언어·역사·문화를 하나로 하여 살아왔기 때문에, 민족 모두의 안전과 번영을 위하여 더불어 살기를 바라고 있다.

그래서 우리는 "더불어 하는 통일"을 원하고 있으며 이것은 남과 북이 통일과정을 더불어 하고, 그 결실도 더불어 누려 온겨레가 자유와 번영을 함께 누리는 것을 의미하고 있다. 다시말해 우리가 지향하는 통일관은 분단 관리

과정, 통일 실현 과정, 그리고 통일 이후의 내적 통합이라는 세 과정을 민족 전체의 목표와 대내외 상황에 맞추어 서로에게 이익이 되는 길을 찾는데 있다. 결코 통일이 이기고 지는 싸움이거나, 경쟁이 아니라 공존 공영하면서 민족의 복리에 궁극적 목표를 함께 만들어 가자는 것이다.

한마디로 말해 냉전적 남북관계의 청산이다. 이는 화해 협력 평화정책으로 남북기본합의서를 실천에 옮기는 것이며, 그 이전이라도 정경분리원칙에서 교류 협력을 추진하는 것이다.

그런데 1998년 한 해가 저무는 12월 17일 또 잠수정을 침투시켰다. 북한이 우리의 햇볕정책을 철저히 악용하여 대남 도발을 강행하고 있는 것이다.

금년에도 동해 잠수정 · 무장간첩 · 서해안 간첩선 · 남해 잠수정 등 대남 도발이 연속으로 이루어지고 있다. 우리는 정부수립 이후 처음으로 밀어닥친 IMF 경제상황 속에서도 허리띠를 졸라매면서, 굶주림과 추위에 떨고 있을 북한 주민을 위해 많은 노력을 하고 있다. 이것은 국민 모두가 참여하는 순수한 동포애의 발휘인데 반해, 북은 오히려 도발이라는 현실로 우리에게 다가오니 안타깝기만 하다. 지금까지 우리는 정부 · 민간 · 국제기구를 통해 쌀, 밀가루, 라면, 분유, 식용유, 모포 등 생활필수품을 지원했고 언론인 등이 비공식으로 제공한 달러도 있다. 금강산을 관광하는 사람들이 1인당 3백달러씩 내는 입장료는 통일을 염원하는 남쪽 사람들의 순수한 민족 공동체적 정신과 동포애임은 말할 필요도 없다. 우리는 대북교류로 평화의 기운을 강화해 가는데 반해, 북은 도발의 발길질을 하고 있다. 서울과 평양이 전혀 다른 생각과 현실이 있는 것은 아닌지 생각하게 된다. 최근 북에서 나오는 현실은 금창리 지하 핵 의혹 시설, 장거리 미사일 발사, 강성 대국론, 상호주의의 배격, 김정일 국방위원장 체제 출범 등 군사노선을 포기하겠다는 징후는 없다.

그러나 우리는 북의 군사노선은 체제 유지를 위한 수세적 의도에서 나온 것이며, 대미관계 개선 협상 카드로 보고 있다. 또한 남과 북의 관계는 상당 부분이 불신과 오해로 인해 비롯되었으며, 우리가 북을 흡수하지 않겠다는 사실을 전하여 오해를 풀면 남북화해가 가능해 질 수도 있을 것으로 본다.

최근 미국에서는 장거리 미사일 발사와 금창리 지하시설 문제를 단순한 협상용으로만 이용하는 것이 아니라 한반도 안보구조를 근본적으로 수정시키기 위한 전략용으로 보는 견해가 늘고 있다.

따라서 우리는 이제야말로 금강산 관광과 햇볕정책도 필요하지만 북한의 변함없는 도발에 분명하게 대응하는 자세도 필요하다고 본다. 포용정책은 유지하면서 북한의 강성대국론에 대비하는 확고한 안보전략체계를 수립하여, 단호할 때는 단호하게 대처하는 자세를 가져야 할 것이다.

오로지 강한 군사주의와 독재강화만이 현재 북한의 정체라면, 우리가 일방적으로 햇볕을 쪼인다고 북한이 녹을 것인가는 생각해 볼 문제다.

이 기회에 유화론에 의한 대북정책의 골격을 각계각층의 여론을 수집해 대북 정책 기본골격을 균형 있게 다시 하는 방법도 생각해 볼만 하다.

잇따른 잠수정 침투나 간첩선 침투에도 불구하고, 금강산 관광 등 대북 화해, 교류의 큰 틀을 고수하겠다는 것은 북한으로 하여금 대남 도발을 포기하도록 하는 햇볕정책으로 교류·개방·화해를 유도하기 위함이다.

그러나 문제점은 어떠한 정책적 수단으로 북한의 파괴 행위를 중지시킬 것이며, 우리 내부의 부분적이기는 하지만 잠수정이나 간첩선에 대한 국민의 불감증을 치료할 것인가에 대한 문제도 생각해야 한다. 북에 대한 교류 협력에 대해 사과·재발 방지 약속을 하지 않는 한 불이익을 당할 수 있다는 정책이 필요한 것은 아닐까? 도발에 대한 억제 방법으로 행위에 대한 손해는 행위자가 책임져야 하는 원칙을 인식시켜야 할 것이다. 도발 행위가 있을 때마다 교류·협력을 중지하자는 것이 아니라, 도발에 대한 불이익을 줄 수 있는 방안 모색은 필요한 것이 아닌가 한다.

혹시 북한은 우리 정부가 시행하고 있는 흡수통일 배제, 무력사용 불용, 교류협력에 의한 통일의 3대 원칙을 이해하지 못하거나, 또는 유연한 사고방식을 갖고, 남조선 혁명을 통한 온 사회의 주체 사상화, 공산주의 사회건설이라는 통일 정책에 변화가 없는 것은 아닌지?

그렇다하더라도 인내와 끈기를 가지고 창조적 작업, 포용과 조화를 가지고 평화적 방법과 민주 절차를 중요시하는 통일을 추구하는 것은 우리의 궁극적인 목표이지만, 북한의 도발을 중지시키고 우리의 통일목표를 위해 통일 기본 전제와 가정에서부터 전략과 전술·대응에 이르기까지 차분한 재검토를 하여 새해를 맞아야 하겠다. 정말 새해에는 북한의 개혁개방에 따른 변화된 모습을 보고 싶다. 결국 그것이 북한의 살길이면서 우리 7천만 동포의 염원인 통일을 앞당기는 길이기 때문이다.

2002. 12. 민주평통회보

5 한반도 평화세계 구축을 위한 정책 제안

1. 주변환경

한반도의 통일은 남과 북이 해결하여야 할 민족 내부문제이면서, 한반도 주변 4국의 다각적 역할관계에 영향을 받는 국제문제이다.

내부적 요인으로 북한은 1994년 김일성의 사망 이후 계속된 경제난과 식량난 등 체제위기, 경제개선관리조치의 시행(2002. 7) 라 신의주 특별 행정구역의 지정, 개성공단의 건설(2003. 6. 30)과 금강산 관광지구 지정(2003. 9)등 비무장지대를 넘나드는 '의미있는 변화'(singnificant change)로 가고 있는 체계의 변화를 들 수 있다. 남한의 IMF 관리체제 후 경제 개혁, 성과있는 남북관계 개선, 특히 2000년 6월 성사된 남북 정상회담과 6.15 남북 공동 선언은 남북관계 발전에 큰 요인으로 작용하였다.

대외적인 요인으로는 한반도의 평화와 안정이 자국의 이해관계에 어떠한 영향을 미칠 것인가를 지켜보는 주변 4개국의 태도이다.

주변 4개국은 자국의 영향력을 확대하면서 동북아 지역에서 안정과 평화를 기초로 한 상호협력과 견제의 새 질서 구축을 모색하고 있다. 즉, 한반도의 통일에는 소극적 입장으로 현상유지를 선호하는 것으로 평가된다.

그 이유는 대략 다음과 같은 두 요인에 기인한다.

첫째, 통일된 한국의 미래에 대한 불확실성을 우려해서다. 통일 한국이 국력을 신장하여 새로운 동북아시아의 강국으로 부상할 가능성의 우려다.

남북한이 현재 수준에서 통일하여도 국토의 면적은 78위, 인구는 12위, 국민 총생산은 11위를 점하여 잠재적 군사 강국이 될 것이라는 점이다.

둘째, 한반도의 현상 변화가 불안정 요인으로 되어 각국의 국익에 위해 요소로 작용할 수 있다는 인식 때문이다. 남북한이 통일될 경우 역학 관계의 변동을 우려해 통일이라는 현상변경 요인의 발생을 억제하려는 것이다. 따라서 주변 4국에 대해 통일 한국이 동북아시아의 평화와 번영에 기여하며 또한 4국의 국가 이익에도 기여 할 수 있다는 확신을 주는 노력이 필요하며, 이에 국제적 통일 기반을 넓히기 위한 기본 방향을 다음과 같이 설정하여야 한다.

1) 남북 정상회담을 비롯한 각급 남북대화를 계속 추진하여 평화 공존의 틀을 마련하고, 내실있는 교류와 협력을 활성화·제도화함으로써 실질적인 협력 증진을 도모하여야 한다.

2) 남북한 긴장완화와 평화체계를 위한 군사적 신뢰구축 및 군축회담을 개최하여 한반도의 항구적 평화체계 구축에 노력해야 한다.

3) 실질적 남북화해와 교류협력을 통하여 남북한이 공동 번영할 수 있는 상태를 구현하여 주변 4국에 동북아 평화 번영에 기여함을 인정토록 하여야

한다. 이것은 우리가 회피할 수도 거부할 수도 없는 현실로 오늘의 국제 환경을 활용하여 통일을 실천해 나가야 할 지혜일 것이다.

2. 평화번영정책

(1) 개념

분단 반세기가 지나도록 갈등과 분쟁으로 점철되어온 한반도에 평화와 번영으로 거듭나기 위해서는 한반도 평화발전의 기본 경로와 추진원칙, 대한민국이 대내외적으로 폭 넓은 지지기반을 확보하여 동북아 시대 주도자로 나설 수 있는 현실적인 전략이 필요하다. 이를 위해서는 우선 북한 핵문제를 비롯한 한반도에서의 안보현안을 평화적으로 해결하는데 역점을 두고 중장기적으로 항구적인 평화체제를 구축하고 남북 경제 공동체를 건설하는 동시에 동북아의 평화번영을 위한 협의체 창설을 주도해야 한다.

평화체제구축을 위한 정책은 그동안 경제발전과 민주화로 높아진 국가 위상을 국민의 자신감속에 역할 공간을 확대시켰다. 그래서 지난 정부에서 이룩해 놓은 대북정책의 성과를 바탕으로 남북관계를 한 차원 더 높은 단계로 발전시킬 수 있는 여건이 성숙해졌고 북한이 경제문제를 해결하기 위해 경제특구의 확대, 경제관리 조치시행 등 북한의 실용주의적 정책 추진 노력에 지원할 필요가 있으며 한반도 문제가 국제 문제화 되어가는 상황에서 남북관계를 동북아로 확대하여야 한다.

(2) 목표

평화체제 구축을 위한 정책은 「한반도 평화증진」과 「남북한 공동번영 및 동북아 공동번영 추구」라는 두가지 목표가 있다.

한반도 평화 증진은 북한 핵문제를 비롯한 안보현안을 해결하는 토대위에서 남북간 실질 협력을 증진시키면서 군사적 신뢰구축을 통해 불안정한 정전체제를 항구적 평화체제로 전환하려는 것이다. 민족 생존과 번영을 위해 민족 공동체 건설 작업을 '동북아 속의 한반도'라는 차원에서 운용해야 한다. 그것은 남북관계를 한 단계 심화·발전시키기 위해 주변 4국과 협력하여 북한 핵문제를 평화적으로 해결하고 남북의 실질 협력증진과 군사적 신뢰구축을 실현하는 한편, 북미·북일 관계 정상화를 지원하는 등 국제환경을 조성하고 남북공동번영을 추구하여 평화통일의 실질적 기반을 조성하여야 한다.

남북한 공동번영 및 동북아 공동번영 추구의 당면 과제인 북 핵문제의 평화적 해결을 토대로 남북의 실질협력을 증진하여 평회체제를 구축하고, 나아가 역사적·지정학적 측면에서 한반도의 특성을 고려해 남북의 공동번영과 동북아 공동번영을 위한 경제중심의 토대를 마련하여야 한다.

이러한 정책 목표를 달성하기 위해서는

첫째, 대화를 통해 문제를 해결하여야 한다.

둘째, 상호신뢰 우선과 호혜주의를 추구해야 한다.

셋째, 남북한 당사자 원칙에 기초한 국제사회와 유기적으로 협력하여야 한다.

넷째, 국민적 합의를 토대로 법과 제도에 따라 투명하게 추진하고 정책 결정 및 집행과정, 대북 접촉과정의 투명성을 강화하여 정책의 신뢰도를 높여야 한다.

(3) 추진 전략

한반도 평화를 증진하고 공동번영을 추진하기 위해서 단기적으로는 북한의 핵문제를 해결하여 평화증진을 가속화하고, 중기적으로는 한반도 평화체제 구축을 위한 남북의 실질적 협력 및 군사적 신뢰구축을 위한 조치를 강화하고, 동북아 평화 협력체 구성의 제안 및 추진을 현실화 해야 한다.

장기적으로는 남북평화 협력체결 및 국제적 보장 확보와 경제 공동체의 본격 추진, 운용적 군비 통제를 단계적으로 추진하면서 동북아 평화 협력체 구축을 실현하여 동북아 경제 중심 국가건설의 전략을 세워야 한다.

이를 위해 정부는 남북 당사자 해결 원칙과 국제 사회의 협력을 확보하고, 남북간 포괄적 협력과 실용주의 외교를 병행 추진하면서, 북미·북일 관계 정상화 지원 등 새로운 국제 환경을 조성하기 위해 노력해야 한다.

또한, 평화체제에 대한 실질적 보장과 제도적 보장을 병행하여 확고한 평화보장을 위한 국방태세를 확립하고, 한미관계의 미래지향적 발전을 추구해야 할 것이다. 동북아 경제 중심국가의 건설은 대한민국이 동북아의 물류, 관광 무역, 산업의 중심 및 해양과 대륙을 잇는 경제의 관문으로 발전시키기 위한 것으로 남북경제 교류협력의 심화를 통해 한반도 경제 공동체 형성을 추진하면서, 미·일·중·러를 대상으로 동북아 평화번영을 합의하기 위한 다자 협력체구성을 추진하고, 한·중·일 FTA 추진과 병행하여 남북한 및 4개국의 참여하는 6개국 동북아 경제협력체 구성을 추진해야 한다.

그러나, 한반도 평화체제 구축과 동북아 경제 중심국가 건설에는 선결되어야 할 문제가 바로 북한의 핵문제이다.

곤돌리자 라이스 미 백악관 국가안보 보좌관은(2004. 7. 9) 방한 기자회견에서 북한이 핵문제를 해결하면, "깜짝 놀랄만한 대가"를 받을 것이라고 했으며, 졸 볼턴 미국무부 군축 국제안보담당 차관은 2004년 7월 21일 미 대사관에서 가진 공식기자 회견에서 북한의 전략적 선택(Strategic choice)이란 표현을 쓰면서 김정일 북한 국방위원장이 리비아 모델을 받아들일 경우 안보, 경제적으로 확실한 혜택을 받게 될 것이라고 말했다. 한편으로는 북한이 아직 전략적 선택을 할 준비가 돼 있는 것 같지 않다고 말하면서, 고농축 우라늄(HEU), 핵개발 계획의 존재를 전면 부인하고 있는게 그 예라고 주장했다. 이 부분에서 그는 단호하고 완전한 검증이 가능하며 돌이킬 수 없는 핵폐기(CVID) 원칙에는 HEU가 당연히 포함되며, 이 같은 미 정부의 기조는 1년전이나 지금이나 전혀 변함이 없고 앞으로도 그럴 것이라고 못 박았다. 따라서 이제 남은건 북한의 결단 뿐 이라는게 그의 결론이다. 이 결단도 빠르면 빠를수록 북한에 유리할 것이라고도 했다.

이런 미국의 입장에 우리도 북한의 핵불용 원칙속에 대화를 통한 평화적 해결을 위한 적극적 역할을 해야 할 것이다. 북한이 핵 · 미사일 문제를 평화적으로 해결한다면 해결 단계에 맞추어 대북 경제 협력조치를 단행하고 군사적 신뢰구축 조치가 제도화되어 군사력의 운용통제 및 상호검증을 추진하며 구조적 군비통제를 위한 토대 마련을 하여야 할 것이다. 뿐만 아니라, 경제도 고려되는 포괄 안보 속에서 북한 지역 안정화를 위한 대북지원의 논거를 제시하고, 통일 비용의 분담과 장기적 투자의 관점으로 연결 시켜 평화 협정 체결을 남북이 중심이 되어 실행하고 국제사회가 이를 지지 · 보장하면서 적극 동참토록 해야 할 것이다.

3. 제안

한반도 평화체제 구축을 위한 제안은

첫째, 기본입장이 계승적이어야 한다. 전쟁 재발 방지 및 평화정착을 추구함으로써 역대 정부가 추진해 온 평화공존 노선을 견지하여 남북화해 및 긴장완화, 관련국간의 상호신뢰 형성, 지역협력 공동체 구축 등이 필요함을 제안한다.

둘째, 발전적이어야 한다. 기존정책과 달리 국가 발전 기본 전략들 속에 21세기 동북아 경제중심 국가건설이라는 전략적 위상속에서, 핵심적 국가 발전 목표 실현을 위한 노력을 제안한다.

셋째는 통일·외교 안보분야의 통합적 전략속에서 국가안전보장회의(NSC)틀을 강화하여 부처간 유기적 협조 및 조화 시스템을 구축하여 남북관계와 한반도 평화, 동북아 번영을 포괄하는 통합전략으로 발전시켜 나가야 하고, 남북협력기금의 운영제도와 시스템이 달라져야 하며, 구조적 빈곤 문제해결을 위한 다각적 노력이 있어야함을 제안한다.

넷째, 안보 측면과 경제 측면의 균형적 발전을 위한 군사 부분과 비군사 부분의 동시적 발전을 모색하여 남북 경협 사업을 위한 군사적 분야의 협력이 진전되도록 하는 노력이 더욱 필요하며, 대북 지원의 틀 개발과 국가 공동평가, 공동프로그램 개발, 행동강령(Code of Conduct)등을 마련하기 위한 노력을 하여야 할 것이다.

다섯째, 국민적 공감대 형성과 신뢰를 위하여 법과 제도에 따라 투명하고 공정하게 정책을 추진하고, 적극적 국민 참여와 토론을 통한 합의 형성을 위해 노력하면서 비록 대내의 상황이 어렵더라도 남북관계의 지속적인 추진을 위해서는 국민 모두가 한마음으로 협력할 수 있도록 새로운 통일의식 구현을 제안한다.

평화란 거저 주는 것이 아니라 평화 번영에 대한 비전과 국력에 대한 자신감속에서 평화를 지키고(peace-keeping) 만들어 (peace-making) 나갈 때만 확보할 수 있음을 강조한다.

2004. 12. 민주평통회보

6 종교와 과학의 충돌

서울대 석좌교수인 황우석 박사는 난치병 환자를 위한 배아줄기 세포배양에 성공하고 이번에는 '영장류와 함께 복제가 불가능한 것으로 여겨진 복제개를 생산' 해냈다. 이를 놓고 종교와 과학간의 갈등이 심화되는 현상을 보게 된다.

갈릴레이·다윈…그리고 황우석

이탈리아의 갈릴레오 코레니우스의 지동설을 옹호하다가 로마 교황청의 이단 심문소로 소환되는 사건이 종교와 과학의 대표적인 갈등사례이다. 지구가 우주의 중심으로 달이나 해양 그 외 5행성이 지구를 중심으로 공전한다는 천동설을 믿고 있던 당시의 종교계로선 크나큰 사건이었음에 틀림이 없다.

갈릴레이는 죽은 후 공식적인 장례를 치루지 못하고 묘소조차 쓰지 못하다가 1992년 10월 교황청의 특별재심과학위원회를 열어 1663년 6월에 있었던 종교재판의 과오를 인정하고 복권이 이루어졌다.

종의 불변설이 많은 종교 박물학자의 관념을 지배하던 시절, 다윈의 진화론이나 그 이전 엠페로클레스의 적자생존의 이론은 당시 종교적 관점에서 플로티노스의 생명창조, 아우구스티누스의 영의 종과 상반되는 이론이었으나 이들은 상호협력적으로 종교와 제휴하여 근본사상으로 인정받은 예도 있다.

황교수의 연구 성과를 국내외의 과학자들이 칭송하는 가운데 한국 천주교회와 일부 기독교에서는 성명을 통해 인간생명체인 배아의 복제는 반생명적 행위를 수반하고 있다면서, 비록 복제된 배아라 할지라도 분명 인간의 생명이며 따라서 인간의 존엄성을 거스르는 행위라고 비판하고 있다.

황교수가 정진석 대주교를 만나 이해를 구했지만 생명공학에 대한 불신이 완전히 가신 것은 아닌 것 같다. 생명의 창조와 생명의 모든 현상의 주관은 신만이 할 수 있다는 종교의 입장에서는 어쩌면 인간의 신에 대한 도전으로 받아들일 수도 있다.

종교와 과학은 갈등관계이면서도 보완관계로 지속되어야 한다.

'과학이 없는 종교는 미신이며, 종교 없는 과학은 흉기'라는 김용준 박사의 이론이 아니더라도, 찰스 다윈 이후 신에 대한 관념과 태도가 결코 그 이전의 관점과 같을 수 없어 진화 신학을 공유한 이후, 다윈의 후손들이 그 이론을 활용해 신에 대한 관념을 재전개 했던 예로 또한번 볼 수 있다.

지금 우리는 세계를 창조하고 돌보는 신에 대해서 다윈과 그 추종자들의 세계관을 접목하는 지혜를 배우고, 과학에 대한 맹목적 기대와, 신의 창조와 영적 세계로의 회귀라는 사상이 공존하는 현대의 과학과 종교를 통합하려는 새로운 패러다임을 우리가 받아들여야 할 때이다.

하느님이 창조한 인간이 과학기술을 발달시켜, 종교가 추구하고 있는 이상세계를 만들고 있는 것은 하느님이 인간을 통해 자신의 비젼을 과학이라는 수단을 통해 이루고 있기 때문은 아닐까?

갈등 아닌 상호 보완관계 돼야

종교가 과학과 철학의 상위 개념이라면 지금 연구되고 있는 많은 생명공학의 연구는 하느님의 영역을 침범하는 것이 아니라 하느님으로부터 물려받은 창조성을 과학을 통해 발휘하는 것일 뿐으로 정신적·육체적 공황상태에 빠진 인류에게 새 희망을 줄 촉매제 역할을 하는 것일 뿐이다.

그러나 도덕성과 윤리의 상실로 생명 경시 풍토의 현시대를 염려하는 종교의 신성한 사명을, 과학을 하는 우리들은 그 이념을 존중하면서 바른 이념으로 인간복제에 대한 우려를 접을 수 있는 믿음을 보일 때, 종교계도 우려를 접고 따듯한 성원을 보낼 것임을 믿는다.

충청투데이 2005. 8. 24.

7 당신 정말 이럴거야

나태하고 고립된 생활 속에서 모질게 들이닥치는 숱한 그리움은 원인을 알 수 없는 신경 증세를 일으킨다. 팔, 다리, 허리, 머리 아프고 녹슬지 않은 곳이 없으니 이제는 동체마저 내팽개쳐야 할까 보다. 비록 나이 먹은 내 몸뿐만 아니라 지금의 국내 상황도 그렇지 않은지 사뭇 걱정된다. 순간을 넘기려는 늘어난 기교, 나를 너무 강조하기 때문에 잊어버린 우리, 의지와 도덕과 유머를 강탈당한 금년 말 12월 19일이면 대통령 선거가 있다.

대통령 자질은 현재 느끼는 바와 같이 국민의 운명을 결정하는 중대한 요소다. 정말 자질이 모자라는 사람이 대통령이 돼선 안된다. 직선제에서는 자질보다는 흑색선전과 선동선거운동에 의해서 사람을 뽑을 수도 있다. 지난번 선거에서 김대업 사건이나 설훈의 20억 뇌물수수사건 등 흑색선전은 당시 야당후보를 낙선시키는데 결정적 역할을 하였다.

역대 정권은 대통령 선거를 공정하게 하기 위하여 대통령 소속 정당을 탈당하고 정당 소속 장관들과 국무총리를 비정치적 전문가로 기용하였다. 대통령은 말 하나에도 신경을 써 어느 정당이나 후보에 편중되지 않으려 노력하였다. 어느 대통령도 현직에서 선관위로부터 주의를 받은 적이 없으며 또 그 결정을 무시하고 계속 선거에 개입하겠다고 나선 경우는 없었다. 영구 집권을 위해 유신헌법을 만든 것이나, 재집권을 위해 민주제도를 무시하면서 선거에 관여하겠다는 것이 무엇이 다른지 모르겠다.

지금 우리나라는 총체적 위기인지도 모른다. 기업은 해외탈출을 꾀하고 재투자를 하지 않으며 환율 저하와 유가 인상은 수출을 하더라도 이익이 없는 구조로 변했고, 국토 개발로 토지가 공익을 이유로 강제 수용되어 그 보상액은 다시 부동산을 투기하는 악순환이 거듭되고 있다. 실업자가 양산되었고, 빈부격차가 늘어나 중산층이 몰락되어 사회 안정이 흔들리는 현상을 보이고 있다. 국가의 안보는 기초적인 국가의 의무다. 간첩이나 세계적인 우리의 기술을 외국에 팔아먹는 집단, 폭력적으로 선거를 방해하려는 무리들의 발호(跋扈)를 막지 못한다면 대선의 공정성을 확보하기는 어렵다.

선거관리위원회와 경찰, 검찰은 선거운동의 중립성을 위해 공무원의 선거 관여와 시민단체와 불법 인터넷 선거운동도 엄격히 단속해야 한다.

선거의 공정성을 보장하기 위해서는 언론기관의 중립도 중요하다. 주요 신문이나 방송이 어떤 정파나 유력 후보에 대하여 편파 보도할 가능성도 많다. 지난번 국회의원 선거와 탄핵에 관련하여 편파 보도는 참으로 애석한 일이었다. 또한 유권자들은 현란한 선거구호나 선거 퍼포먼스에 속아 국민을 위해 봉사할 대통령을 뽑는 것이 아니라, 폭력과 시위가 난무하며 국방 불안과 치안부재를 가져올 사람을 뽑을 수 있음을 상기하여야 한다. 민주주의의 개념 중 가장 중요한 것은 정권교체에 있다. 정권 교체란 국민이 정권을 심판하는 가장 근본적인 것이고 가진 쪽은 겸손하게 국민의 봉사자로 일할 때 또 다시 정권을 쥘 수 있으며, 그렇지 못하면 심판을 받기 때문이다. 그렇다면 정권교체를 하겠다는 쪽의 후보들은 경선에서는 진검을 휘두르지 말아야 한다. 너무 깊은 상처를 입게 되면 경선에서 이긴다해도 흘린 피 때문에 본선에서 올바로 뜻을 펴 보지도 못하고 패할 수도 있다.

사회적 갈등을 조정하고 생산적 통합 정치를 하여 실용적 경제, 복지, 교육을 통해 안보를 기반으로 하는 통일 정책 등을 펼쳐 행복한 삶을 영위하려는 지금 이를 방해하거나 저지하려는 집단이나 세력이 있다면 작은 힘이라도 모두 모여 함께 소리치자.

당신 정말 이럴거야.

2007. 7. 6. 중도일보

8 4·19혁명과 당시 대전의 고교생들

4·19혁명이 우리에게 남긴 유산은 무엇일까? 우리가 희망의 21세기를 개척하면서 47년전을 회상함은 4·19 정신이 아직도 우리에게 주는 지혜가 너무 많기 때문이다. 4·19의 정신적 유산은 무엇인가? 그것은 자유민주주의의 이념과 부정, 불의에 대한 정의의 도전이다. 학생들의 순수한 열정이 동학농민혁명과 3·1운동보다 더 큰 국민혁명으로 발전했기 때문이다. 이로인해 국민이 역사발전의 주체임을 확인시켰고 민족자주와 평화통일의 이념을 지향하게 되었다.

4·19 정신은 헌신적이고 순수함이며 낭만과 용기를 가진 학생들이 자기희생으로 고귀한 정신과 용기를 전 세계에 과시한 위대한 청년 정신이었다. 4·19혁명은 1960년 3월 15일 실시될 예정이었던 제 4대 대통령과 제 5대 부통령선거에 여당인 자유당이 이승만과 이기붕을 당선시키기 위해 온갖 부

정을 자행한데서 촉발됐다. 경찰과 공무원이 선거 운동에 동원되었고, 학생들을 야당의 선거 유세장으로 가지 못하도록 일요일에도 등교시키고 서울 신문을 강제 구독하게 하며, 엄청난 선거자금을 뿌리면서 야당을 탄압했다. 이런 시점에 2월 28일 대구에서 전국 최초로 경북고, 대구고, 대구사대부고 등이 중심이 된 학생 데모가 일어났다. 자유당 정권의 횡포에 반기를 들어 학생들은 거리로 뛰쳐나왔으며, 정부의 학원 탄압을 규탄하였다.

3월 8일에는 대전고등학교 1,2학년 학생들이 대전 공설운동장에서 열리는 민주당 유세 시간에 맞춰 일제히 거리로 나서 독재정권을 타도하자는 시위를 하게 된다. 경찰은 무자비하게 학생들을 해산시켰고, 이 과정에서 경찰의 저지를 받던 학생들이 시내 일원으로 흩어져 학원 민주화를 외쳤고 수십명의 학생들은 경찰에 연행되어 조사를 받기도 하였다. 이틀 후인 3월 10일 대전상고 학생 1000여명이 거리로 뛰쳐나와 데모를 하였으며, 3월 15일 마산 고등학교에 이어 4·19혁명 때까지 학생시위는 계속되었다.

2월 28일 대구의거는 일요일인데도 등교하라는 관계 당국에 대한 반발로 일어난 항거였다면, 3월 8일 대전의거는 진정한 학원 민주화와 부정부패와 독재에 항거해 자발적이며 헌신적인 순수한 학생들의 정의감에서 시작된 4·19혁명의 단초였다. 충절의 고장인 충청도에서 그 후손들이 청년 정신과 선비 정신으로 나라를 사랑하고 민주주의를 지키려 했던 것은 어쩌면 당연한 일이었을 것이다.

4·19혁명은 불손 세력이나 외세의 사주에 의한 것이 아니고 정의감의 발로속에 부정과 불의에 항거한 민족정기의 표현이다. 부정 축재자와 부정선거를 조작한 주모자와 발표 책임자를 색출하여 처벌하고 정부통령 선거를 다시 해야 하며, 학원의 정치 도구화를 반대하는 자유민주주의 이념을 배우고 있

던 학생들의 순수한 이념적 행동이었음을 상기하여야 한다.

면면히 이어온 백의민족 본연의 민주주의가 청년학생들을 통하여 먼저 발로 되었으며 억제할 수 없는 자유, 자주, 자율에 의하여 타오른 순결무구한 외침이었다. 터져나오는 이성의 섬광과 타오르는 의분의 불길은 탱크와 총, 칼로도 막을 수 없었다. 우리 손으로 이루어낸 4·19 정신을 21세기 달라진 상황속에 미래를 개척하는 정신적 유산으로, 창조적 활용하는 지혜를 발휘하여야 한다.

4·19혁명이념의 실천은 계속되어야 하는 바, 이는 아직도 정치적 혼탁과 경제의 혼란, 학원의 부조리, 대학입시문제, 방황하는 학생들, 통일정책의 이념적 갈등 등이 수없이 남아 있기 때문이다. 학생들의 의로운 기상과 숭고한 4·19정신이 계승되어 아직도 어둠이 남아있는 이 시대의 구석구석을 밝히는 타오른 횃불이 되기를 간절히 바라며 4·19혁명 47주년을 맞아 상의자, 유공자들에 경의를 표하며 먼저 가신 성스런 님을 위한 묵념을 올린다.

2007. 4. 20. 중도일보

9 통일은 국민의 힘이 필요하다

우리 민족이 통일되어야 하는 당위성에는 누구나 이론이 없다, 해방 이후부터 1970년대 국제적 환경은 민주주의와 공산주의의 이념 갈등 속에서 강대국가의 힘 겨루기가 있는 가운데 남과 북은 극한적인 대립관계에 있었다. 그 이후 공산국가들의 체제가 무너지고 강대국가의 대립구조가 바뀌면서 한반도의 통일 방법이 새롭게 모색되기 시작되었다.

남북 공동 합의서가 발표되면서 남과 북은 극한 대립에서 서로의 입장을 이해하려는 분위기가 생기기 시작하였으나 화해와 긴장은 반복되었다.

2000년 6월 15일 6·15남북공동선언이 있으면서 남북은 긴장완화와 화해협력의 따듯한 기류로 변해가는 듯 했으나 사회적 분위기는 또 다시 냉각되고 있다. 이와 같은 통일의 분위기는 국제적 환경과 국내의 사회적 분위기에 따라서 크게 변화되고 있었다.

통일에서 가장 중요한 것은 북한의 폐쇄된 사회가 개방사회로 변화되면서 국제적 개방사회로 합류할 수 있도록 해야 한다. 북한의 폐쇄된 사회는 국제환경에서 미, 일, 중, 러의 주변 국가들과 이해관계가 있으며 우리의 사회변화도 크게 영향을 가진다. 이와 같이 북한의 사회적 배경과 폐쇄성은 물리적 방법으로 찾아가는 것은 한계가 있을 것이다. 이러한 남북관계에서 우리의 통일방향은 어떻게 찾을 수 있을지 알아본다.

21세기에서 민족통일은 주변 국가들의 환경변화에 따라서 우리의 통일도 많은 변수를 가지게 된다. 세계는 공산주의가 몰락되고 국경 없는 세계화 시대를 맞으면서 유고슬로바키아, 체코슬로바키아, 구 소련 등의 국가들이 민족분열이 생기면서 우리의 민족통일은 더욱 당위성을 가지게 되었다. 이러한 국제적 변화가 있을 때 우리사회는 강력한 지도자가 필요하고 통일에 대한 국민적 합의가 뒷받침 되어야 한다.

21세기에서 국경 없는 세계화가 가지는 특징을 보면 다음과 같다.

먼저, 경제 거래의 국경이 없어야 한다.

국제사회는 국가와 국가간의 경제 거래가 자유스러워지면서 자국의 경제이익을 위하여 치열한 경쟁이 가속화 되고 국경 없는 거래가 이루어지고 있다.

특히 한반도는 동북아에서 물류의 중심이 되고 정신문화의 중심지가 되어질 수 있으며, 주변 국가들의 중심에서 상생의 역할을 기대할 수 있다.

두번째로 지구적 問題群(Global problematigue)이 생기게 된다.

앞으로 국제사회는 경제적으로나 군사적으로 아무리 강대국가라 해도 독자적으로 세계를 지배하기는 어렵게 되는 지구적 문제가 될 것이다. 국가간에 서로의 도움이 필요하고 서로의 이익을 가지면서 함께 발전할 수 있는 국제적 환경으로 변해질 것이다.

세번째로 외압을 받아야 하는 현대 민주국가의 관리상 결함이다.

정보가 세계를 하나의 굴레에서 움직이게 하면서 정보를 통제하는 기능이 불가능하게 된다. 이러한 현상에서 집단이기주의가 생기고 타협의 누적으로 인한 사회적 불안이 형성되어진다. 이러한 국제사회의 결함은 민족주의를 조장하게 되고 지역화 현상이 나타나면서 지방화현상이 커지는 사회적 내향화(內向化)가 나타나게 될 것이다.

앞으로 한반도는 미, 일, 중, 러의 4대 강대국가 사이에서 아시아 태평양의 가장 중심부에 있고 서로의 이해관계를 조정할 수 있는 역할을 할 수 있을 것이다.

이러한 중요한 역할을 수행하기 위하여 남북한은 서로가 필요한 부분을 찾으면서 함께 이익이 되는 것을 찾는 지혜가 필요하다. 한반도는 남북한을 모두 합해도 영토와 인구면에서 그리고 경제적 무역량 등에서 주변국가에 비하여 너무나 빈약한 실정이다. 이러한 현실에서 남과 북이 둘로 나뉘면서 반목을 계속한다면 과연 어느 누가 득이 될 수 있겠는가?

한반도는 4대 강대국가 사이에서 "상극(相剋)의 십자로"에 놓여 있다. 동북아와 태평양 지역의 발전을 위해서도 상극의 십자로에서 평화적 세계주의를 주도해야 한다. 그러기 위해서는 어떤 국민보다도 주변 4대 국가를 이해할 수 있는 知美, 知日, 知中, 知러의 지혜가 필요하다. 그들의 장점을 배워가는 상생의 가치를 가져야하며 남북한의 긴장완화를 위한 일이라면 어떠한 일이라도 함께 노력해야 할 것이다.

이와 같이 한반도는 동북아의 십자로에서 중간 역할을 할 수 있기 위해서도 남북한은 긴장완화가 되어야 하고, 북·미간의 관계 개선이 촉구되어야 한다.

남과 북은 이념 갈등이 지속되고 안정을 외면하게 되면 양측은 무거운 국방비를 감당할 수밖에 없을 것이며 주변 국가들이 긴장을 조성하게 되는 어리석음이 될 수도 있을 것이다.

따라서 남북한은 서로가 열린 마음으로 문화적 교류와 대폭적인 무역교류를 통하여 서로가 가시적 이득이 되도록 지혜를 모아야 한다.

이러한 국제적 상황에서 남과 북은 긴장을 완화하여 정치적 안정을 찾으면서 쌍방이 서로 신뢰하는 가운데 함께 경제적 발전을 가지도록 접근하여 가는 것이 통일의 지름길이 될 것이다.

동서문명의 십자로에 있는 한반도는 주변 국가들의 문명을 소화해 가면서 물류의 중심국가 되고 정신문명 교류의 역할이 되도록 해야 할 것이다. 그리고 국제 정치의 안정과 군사 안보의 조정자 역할을 주도하면서 동북아의 공영을 위한 중추적 역할로 다가서야 할 것이다.

통일은 주변국가의 이해득실 속에서 풀어져야 하기 때문에 한반도의 평화가 모두에게 득이 되는 동북아 공동체를 형성할 수 있는 힘이 있어야하고 주변 국가들과 공존하도록 노력해야 할 것이다. 이제는 한반도의 안정과 경제발전이 동북아의 중심국가(Central State)역할을 담당해야하며 주변 국가들에게도 상생하는 길을 열어 가도록 해야하는 지혜가 필요하다.

우리사회는 현재 계층간의 갈등과 집단간의 이익 추구를 위해서 투쟁하고 있는 사회적 현상을 볼 수 있다. 이러한 갈등의 깊은 골을 해소하기 위해서는 자정(自淨)운동이 있어야 한다. 모든 사람은 도덕적 규율 속에서 자신의 혼탁한 의식을 자정 할 필요가 있다. 자기 자신이 스스로 청렴하고 정직해야 한다는 의식이 필요하다.

두번째로 자율 운동이 있어야 한다. 사회 구성원들은 자기 자리에서 책임감 있는 주민정신이 필요하다. 타율적인 통제에서 행동하기보다 스스로가 질서를 지키는 정신과 상식이 통하는 사회적 분위기가 있어야 한다.

세번째로 자주적 행동이 있어야 한다. 모든 국민이 주민의식을 가지면서 책임 있는 시민정신을 가지고 스스로 우리사회의 주인이라는 의식이 필요하다.

이와 같이 우리는 국민 3自 운동을 전개하면서 우리 스스로가 사회질서를 지켜가는 성숙된 사회분위기로 이끌어 가야 한다.

이와 같이 우리 사회는 국제적 환경 변화에 따라 능동적으로 대처하여 가는 성숙된 시민정신이 필요하다. 북한의 폐쇄된 사회는 개방사회로 변하게 하고 국제 사회에 합류 할 수 있는 주변 여건을 만들어 가도록 해야 한다. 우리가 힘을 합하게 될 때 한반도는 동북아에서 물류의 중심이 되고 정신문화의 중심지가 될 수 있으며 주변 국가들과 상생의 역할을 기대할 수 있을 것이다.

한반도가 동북아 중심 국가가 되기 위해서는 남북한이 함께 번영하고 경제적 부를 가져야 한다. 이러한 국제적 여건에서 통일로 가는 방향은 우리 사회의 국민적 합의 속에서 국민의 힘이 뒷받침 되어야 할 것이다.

민주평통 한밭회보 19호. 2003. 12.

10 3월 8일을 '대전시민의 날'로 지정하자

1960년 3월 8일은 부정과 부패가 만연된 사회로부터 자유민주주의를 수호하기 위하여 대전충청지역의 고등학교 학생들이 궐기한 날이다. 3월 15일은 대한민국 제4대 정·부통령 선거일 이었다. 당시 집권여당이던 자유당 이승만 대통령을 다시 후보로 앞세워 이기붕 부통령을 당선시키기 위한 강력한 조직력과 금력으로 무소불위의 권력을 전횡하여 각종 부정부패를 저지르고 있었다.

야당의 선거유세 방해, 공무원의 공공연한 선거운동, 유령단체들을 내세운 폭력행사, 학교의 교장을 비롯한 교사들을 내세워 학부모들을 3,4인조로 편성하여 선거운동에 동원함은 물론 투표를 하도록 획책하였고, 학생들을 각종행사에 동원하였으며 수업시간을 중단하고 이승만대통령에 대한 미화된 사상과 담화문 등을 듣도록 교내 방송하고, 정부여당지인 서울신문을 강제구독케 하는 등 권력만행의 극치였다. 4·19혁명의 시작은 2월 28일 대구에서 시작되었다. 내면적으로는 당시 계속되어 온 자유당 정권의 부패와 부정선거 획책, 그리고 신성한 학원의 정치적 간섭 등에서 누적된 불만으로 야기되었다. 이승만 정권은 일요일인데도 불구하고 야당인 민주당의 선거유세에 학생들이 가지 못하도록 전원 등교하도록 했다. 이에 경북고등학교 학생 등 일부 대구시내 고등학생들이 등교를 거부하고 거리로 나서 자유당정권의 부정부패와 독재에 항거하는 구호를 외치며 시가행진을 시작했다.

경찰은 학생들을 무자비하게 해산시켜 부상자가 생기기도 했다. 이에 자극을 받은 대전의 고등학생들도 3월 8일 대전공설운동장에서 열리는 민주당 유세 시간에 맞춰 일제히 거리로 나서 독제정권을 타도하자는 항의시위를 하기로 결의하였다. 그러나 경찰의 정보에 걸려 다른 학교 학생들은 철저히 봉쇄당하고, 대전고등학교 학생 1000여명이 학교 담을 뛰어넘어 부사동 공설운동장까지 시가행진을 벌였다. 무장경찰과 기마경찰의 저지와 소방차의 물펌프 속에 시위학생들은 시내일원으로 흩어졌고 이 과정에서 수십 명의 학생들이 경찰에 연행되기도 했다. 남은 학생들은 대전역 광장에 모여 다시 도청까지 시위를 했다. 이어서 3월 10일 대전상고학생 1000여명을 중심으로 대전공고, 보문고, 대전여고 등 일부 학생들이 거기로 뛰쳐나와 시위를 했다. 이를 계기로 마산의 3·15 부정선거 규탄대회로 이어진 학생시위는 4·19혁명 때까지 전국으로 퍼졌으며 결국 자유당 정권은 무너졌다.

3·8대전 민주의거는 대구에 이어 두 번째로 일어난 역사적 학생 민주화 운동이었다. 대구의 2·28의거가 일요일에 등교하라는 학교당국에 대한 반발로 일어난 거사라면, 3·8의거는 진정한 학원 민주화와 자유당 정권의 부

정부패와 독재에 항거한 고등학생들의 자발적이며 순수한 정의감에서 일어났다는 점에 큰 의의가 있다.

3·8의거는 충절의 고장 충청도의 선비정신이요, 나라사랑 정신이요, 또한 자유시민 정신의 발로이고 민족에 대한 순수한 사랑과 역사적 사명감이라는 소명의식이었다. 우리지역서 발생한 4·19혁명의 단초가 된 3·8민주의거 정신이 아직도 계승 발전되지 못하고 있음을 안타깝게 여기며 다음과 같이 제안한다.

2월 28일은 대구시민의 날로 지정되었고, 3월 15일은 마산시, 경남도민의 날로 지정되어 있다. 이에 3월 8일은 대전시민의 날로 지정하자. 또한 둔지미공원에 3·8민주의거 기념비가 제막되어 있다. 이제 둔지미공원이라는 명칭 대신 민주시민공원으로 이름을 바꾸자. 관계 당국의 현명한 판단을 기대한다.

한 시대 혁명의 도도한 물줄기의 흐름을 더욱 증폭시켰고 애국애족정신을 계승한 3·8민주의거는 3월의 훈풍처럼 오래도록 우리 역사와 혼속에 남아 계승되어야 할 민주화를 처음으로 제창한 자유독립 만세운동이다. 대전 시민의 정신으로 후손들에게 계승 발전시켜야 할 책임과 의무가 우리에게 있다.

2008. 3. 10. 중도일보

11 천민교수와 졸부대학

대선이 끝난 지금 세상을 시끄럽게 하는 것은 삼성의 비자금 로비사건이다. 자식에게 기업을 물려주기 위해 모든 비합법적 수단을 동원하여 핵심 지도자들과 검찰을 대상으로 로비를 하였다는 것이다.

이는 기업 윤리를 망각하고 화폐와 권력을 결탁시키기 위해서 모든 수단과 방법을 이용해 로비를 한 한국식 천민적 졸부의식에서 발생한 것이라 생각된다. 천민적 졸부의식은 돈이나 시설 같은 물질적인 것에서부터 기술, 정책, 사상, 문화 등 모든 면에서 제 몫만 챙기려 하는데서 기인된다고 본다. 여기에는 대학도 예외는 아니다.

PISA의 국제 학업성취도 평가에 의하면 한국 학생들의 문제풀이 능력은 세계 1위다. 하지만 자기 주도적 학습 관련 영역에서는 최하위의 점수를 받았다. 학생들이 외우는 획일적 교육을 받아 문제는 잘 풀지만 창의력은 떨어진다는 것을 의미한다. 대학이 이들을 제대로 가르치지 못했기 때문이다. 대학 인프라 투자는 4년제 대학에서 교수가 아닌 시간강사 등 비전임 교원에게 의존하는 비율이 60%에 가깝고 또한 도서관 예산은 고작 연 평균 10억원 정도에 지나지 않는다.

국제 경쟁력에서도 스위스 국제 경영개발원(IMD)의 2006년 세계 대학교육 경쟁사회 요구적합도 조사에서 우리나라는 10점 만점에 4.9점을 받아 61개국 중 50위였다. 영국 더 타임스의 대학평가에서 세계 200위권 대학 중 한국은 3개 대학뿐으로 서울대가 63위, 고려대가 150위, 그리고 KAIST가 198위를 기록했다.

또한 국제 과학기술논문 색인(SCI) 건수에서는 100안에 든 대학에 32위를 한 서울대학교뿐이었다. 전국 200개 4년제 대학에서는 매년 37만명의 졸업생에게 학사학위를 수여한다. 그런데 학사학위를 수여 받은 사람들을 기업이 채용하여 제대로 써먹으려면 20개월 정도 걸리고 재교육 비용으로 6000만원이 든다고 한국경총은 지적하고 있다.

이런 것들을 하나에서 열까지 챙겨주고 자식의 취향은 아랑곳하지 않고 부모의 뜻대로 대학과 학과를 결정하는 책임도 있고 대학입시부터 생기는 혼란으로 본인이 원하는 대학이나 학과가 아닌 점수에 맞추어 진학한 학생들의 문제이기도 하지만, 대학들이 자기대학 지원율을 높이기 위해 학생들을 마구 뽑은 데서도 기인한다.

예컨대, 이공계 학생들에겐 수학이 필수인데 올 대입에서 이공계 전공에 필요한 '수리 가' 형을 요구한 대학은 31곳뿐이고, 일부 공과대학에선 아예 교육과정에 미적분이나 수학을 빼버린 곳도 있다.

한편 요즈음 일부 사립대학들은 부족해진 고교 졸업생을 유치하면서 정원을 채우기 위해 발버둥치고 구조조정이라는 명제 아래 녹녹치 않은 대학 교수들을 몰아내기 위한 대학 개혁을 하고 있다. 이 때문에 연구실에서 지친 육신 하나 누일 수 없는 비참한 몰골로 오로지 사학재단에 충성만을 강요당하는 현실을 감내하며 강단에 서서 힘든 강의를 하고 있는 교수들이 학생들을 위한 인격도야와 지식 전달에 얼마나 충실할 수 있겠는가?

교수로서 본분보다는 눈치 보고 재단에 줄서기 하는 것을 본업으로 여기고 있는 현실이 안타깝다. 이러고서도 어제 대학이 천민적 졸부라 아니 할 것인가? 백년 앞을 내다봐야 할 교육개혁을 가난의 대물림을 끊는 것으로 본 대통령 당선자의 교육정책이 어느 특정 단체나 사심으로 이루어지지 않을 것임을 확신하면서 대학교육이 정상화되기를 간절히 소망한다.

2007. 12. 21. 중도일보

12 2005년을 대학적십자 도약의 해로 만들자

2005년은 대한적십자사가 창립 100주년을 맞는 해이며, 대학적십자는 창립 40주년을 맞이하게 됩니다. 지난 시간 대한적십자는 사랑과 봉사를 실천하며 청소년 운동의 한 축을 만들어 왔고, 앞으로는 더욱 큰 역할을 담당 할 것이라고 확신합니다.

그러기 위해서는 이제 명실상부하게 새 시대를 열어가야 할 때이며 새로운 미래를 열어가는 선두에는 대학적십자가 있어야 한다고 생각합니다.

어린이, 청소년적십자의 역할과 대한적십자의 역할은 분명 차이가 있어야 하며 그를 위해서는 대학적십자 회원과 지도교수들의 관심이 그 어느 때보다 필요할 것이라고 봅니다.

대학적십자가 활성화되기 위해서는 조직과 회원수가 증가해야 합니다.

현재 대학적십자 회원은 전국 194개교에서 5,700여명이 활동하고 있는데 이것은 어린이, 청소년적십자 회원의 3%정도에 지나지 않는 숫자입니다. 대학별로 특성과 다양한 동아리 활동으로 회원 확보에 어려움이 있으나 적십자 이념을 바탕으로 하는 대학적십자의 다양한 프로그램을 시대의 흐름과 사회적 요구에 부합되게 변화시킨다면 보다 많은 회원을 확보할 수 있을 것입니다.

예를 들어 사회적 봉사활동에 대한 요구가 높아지고 현재 그 어느 동아리보다 체계적이며 전문적인 봉사활동을 펼칠 수 있는 곳이 바로 대학 RCY라고 생각하며 이러한 대학적십자의 장점을 활용하여 세계적인 봉사캠프 행사를 유치하고 홍보한다면 그 위상은 상상할 수 없을 정도로 높아질 것입니다. 물론 쉽지 않은 일이며 각종 제한이 있겠지만 그 시작을 대학적십자 회원과 지도교수가 올해 2005년에 시작해 보자는 것입니다.

또한, 사랑과 봉사의 실천이 적십자의 근본이고, 이는 바로 인도주의의 실현이라고 볼 때 대학 내에서는 물론 외롭고 그늘진 곳을 찾아 실천하는 것도 진정한 우리의 할 일 입니다. 대학적십자 회원과 지도교수 여러분, 최근 한국사회에 활력을 불러일으키고 우리의 자긍심을 드높인 것은 모두 청소년 즉, 대학생들이었습니다. 예컨대 지난 4·19혁명의 주축, 2002 월드컵 스타와 응원단 그리고 휴대전화, MP3, 디지털 카메라 등 반도체 산업의 주요 소비층, 홍수로 인한 수재민 돕기, 북한동포를 돕기 위한 바자회 개최, 각종 사고에 대한 안전사업, 헌혈 등 이 모두의 주체가 바로 여러분들이었습니다. 대학적십자의 새로운 시대를 실제로 만들어 내는 것은 바로 여러분들의 비전과 노력에 달려 있습니다. 사랑과 봉사를 100점으로 만들기 위해 다 같이 힘찬 도약을 시작합시다.

대한적십자 지도교수 전국협의회보 2005

13 과학은 국가경쟁력의 핵심

교육학자 리브스(R.H. Reeves)는 『동물학교』라는 책에서 동물들은 각각 신이 창조한 목적대로 살아갈 때 가장 우수한 능력을 발휘한다고 하였다. 다른 목적을 요구하거나 타고난 재주를 다른 곳에 쓴다면 아무런 힘도 발휘할 수 없다는 것이 그의 이론이다.

과학도 고시 선호 현상 팽배

동물들이 모여 학교를 만들었다. 그들은 달리기, 오르기, 날기, 수영 등으로 교육과정을 짜놓고는 행정의 편리를 도모하기 위하여 모든 동물이 똑같이 같은 시간에 이 네 과목을 수강토록 하였다.

오리는 수업을 가르치는 선생보다 수영과목을 훨씬 잘했다. 날기도 그런

대로 다른 동물과 비교하여 잘 해냈다. 그래서 오리는 방과 후에 달리기 과외를 받기로 하고 달리기 연습에 열중하게 되었다. 그러다보니 발의 물갈퀴는 닳아 없어지게 되어 수영도 전만 같지 못하고 평균점수 이하로 떨어졌다.

토끼는 달리기를 가장 좋아하고 잘했으나 수영 때문에 정신적으로 많은 충격을 받아 신경 쇠약에 걸릴 지경이 되었다.

다람쥐는 오르기에서는 남다르게 잘했지만, 날기가 문제가 되었고 날기 선생님이 다람쥐에게 위로 날아오르도록 많은 교육을 하는 바람에 좌절감에 빠져버렸다. 독수리는 날기에는 다른 과목보다 뛰어난 성적을 보였지만, 다른 과목은 전혀 수업에 들어가지 않는 문제 학생으로 전락하여 버렸다.

결국 수영을 잘하면서 달리기와 오르기, 날기를 조금씩 할 줄 아는 뱀장어가 가장 높은 점수를 받아 학년말 졸업식장에서 졸업생 대표가 되었다.

교육은 학생 자신이 가지고 있는 특기와 잠재력을 머릿속에서 끄집어내어 능력을 발휘하고 그 특기와 잠재력을 이용하여 더 많은 발전을 할 수 있도록 도와주는 것이다.

그런데 최근에 와서는 대학을 졸업해도 직장을 구하지 못하는 청년 실업 현상이 심화되면서 각종 고시가 인기 상승하고 있다.

이러한 고시 선호 현상은 개인이 가지고 있는 능력을 발휘하는데 문제가 있거니와 인재들의 수급 현상을 왜곡시켜 자연과학이나 공학 등의 전공 학생 수가 줄어들고 있으며, 그 뿐만아니라 질도 크게 떨어지고 있는 현상이다.

새로운 영역을 개척하거나 모험적인 일에 도전하기 보다는 현실에 안주하려는 현상이 낳은 결과이며 이는 기술발전과 생산성 증가를 위한 과학기술의 발전이 국가 경쟁력의 요체임을 잊고 있는 결과이다. 세계의 우수한 과학기술 인력을 이민으로 흡수하고 있는 미국이나 과학자와 기술자를 선진외국에 유학시켜가면서 양성하고 있는 중국을 볼 때 이공계 기피현상으로 양과 질 모두가 떨어지고 있는 우리의 현실은 미래가 어둡기만 하다.

전공 매진토록 대책 마련해야

학생들이 가지고 있는 잠재력과 특기를 살려 과학으로 뒷받침한 법률가나 의사, 고급 행정가를 생산한다면 사회는 생산 능력을 높이고 과학 입국에서 과학 왕국이 되어 국가 발전을 가속화하고 오랫동안 지속시킬 수 있을 것이다. 자연과학과 기초과학에 취미와 특기를 가진 위대한 학생들을 과학교육 속으로 돌아오게 할 당국자의 좀 더 구체적이고 실질적인 대책은 없는 것인가!

과학왕국만이 국가와 민족이 살길임을 위정자들은 알고나 있는지…

2005. 4. 4. 대전일보

14 한국농업과 WTO

농업은 환경과 생명 문제에 직결되고 있으며 정보화에 따른 마케팅과 공동체 활성화 조건으로 활로를 찾고 있다는 점에서 3가지 모두와 관련이 있다. 그런 한국 농업의 현실과 전망은 매우 어두워 아직도 농업에 공업의 원리가 적용되고 있고 전통적인 소농 복합경영에서 대규모 기계 경작으로 전환되어 값싸고 양질의 농산물이라면 국내에서 생산하기보다 외국에서 수입하는 편이 유리하다는 논의가 대두되는 실정이다.

그 결과 쌀은 자급하지만 사료, 곡물은 수입에 의존하고 있다.

중국가입 영향지대

이에 따라 외국에서 대량의 사료 곡물(카길의 국내 시장 점유율 60%)과 그에

적합한 축종이 사양기술과 함께 도입되어 우리나라의 축산은 공장형으로 변하여 세계 시장과 연결되고 말았다. 한때는 미맥 2모작을 하여 높은 생산력을 가졌었지만 외국으로부터 쏟아져 들어오는 수입곡물이 농작물 생산을 격감시켰으며 기계화, 화학화, 시설화에 따른 고투입형 농업으로 바뀌면서 농가에서 당연히 지급하여야 할 기초 농산물마저도 구입하는 현상을 보이고 있는 상황은 생활 자체가 외부 의존 형태구조로 전환되어 농민 스스로가 편의주의를 선택한 생활양식으로 변화를 가져왔다.

이런 상황속에서 지난 10일 중국은 15년간 숙원하던 세계 무역기구에 정식 가입하였다. 중국의 가입은 그들에게도 위기이면서 책임과 의무를 떠안게 되는 반면, 13억 인구의 경제 시장인 중국은 이에 상응하는 권한과 발언권으로 큰 영향력을 행사 할 것이다.

미, 일 다음가는 교역 상대국인 중국이 WTO 가입으로 우리에게 미칠 직·간접적 영향은 대단히 클 것으로 예상된다. 우리는 건전한 경쟁과 진지한 협력을 통해서 참된 공존을 찾는 한편 중국산 농산물의 수입 증가, 농산물 국제가격 상승, 제3시장에서 예상되는 중국과의 경쟁 격화는 많은 자본이 중국으로 몰려들면서 우리의 산업을 공동화 시킬 수 있다는 우려에 대처해야 한다. 따라서 새로운 상품의 개발과 국제 통상 수출 전략을 다시 짜고 하이테크와, 고부가 가치화로 나아가야 하며 서해안 개발을 촉진하여 동북아의 물류거점 계획을 활용하여야 한다. 수입 농산물에 대해 단순한 관세 체제를 정비하고 검역과 식품 검사 제도를 강화하여 국내 농업 피해를 최소화 하는 방안도 검토해야 할 것이다.

우리나라는 곡물 의존도가 지나치게 높아 세계적 곡물 파동이 닥치면 식량 안보상의 중대한 위기를 피할 수 없다. 국내 곡물 시장을 외국이 장악한 것이 일시적 현상이 아니라 수입 구조 자체가 고착화되고 있다는 사실이다. 예를 들어, 밀레니엄 시대에 새로운 식량으로 부각되고 있는 콩의 경우 1998년 국내 총 소비량의 92%인 1백 57만톤이 수입되었는데 수입 콩의 가격은 국내 재래콩의 25%에 불과하여 앞으로도 지속적으로 수입량은 늘 것이다.

삶의 문제 차원서 접근

또한 농작물의 크기와 성장 속도를 조절하여 양을 증대시키고 영양된 저장성 병해충의 저항성 등이 향상되도록 개발한 유전자 조작 농산물의 수입이 늘어나고 있으며, 이 재료로 만들어진 유전자 조작 식품도 수입되어 우리는 이로부터 자유로울 수가 없다. 현재의 농업 문제를 단순한 견제 논리의 연장선에서 바라보지 말고 삶의 문제라는 차원에서 접근하여 기존 농업의 패러다임에서 벗어나 생태계와 조화를 이루고 식품 안정성 요구에 부응하는 지역순환형 농업을 회복하기 위한 노력이 필요하다. 지역순환형 농업의 회복은 지역 범위에서 생산과 순환 그리고 생태계의 유기적 연관성을 중시하는 환경 보전형 지역 농업 시스템을 형성해 나가고 농약 및 화학 비료의 과다 사용으로 인한 환경오염을 최소화하여 안전한 농산물을 생산공급 하는 길이 우리 농업의 어려움을 타개하는 대안이 될 것이다.

2001. 11. 14. 대전일보

15 선출 공직자의 고민

요즘 모 방송국의 고려 태조에 대한 연속극을 가끔 본다. 역사적으로 사실인지는 잘 알지 못하나 궁예 왕이 왕건에게 왕위를 물려 줄 것을 암시하지만, 왕건은 끝내 사양하고 궁예 왕에게 충성을 다한다. 궁예 왕의 폭정이 점차로 심해지자 개성의 토호를 중심으로 하는 세력이 왕건을 추대하여 어쩔 수 없이 왕으로 추대된다는 것이다. 따라서 정권의 중심에는 항상 그를 지지했던 개성의 토호세력이 있었던 것이다. 이것이 지역감정의 한 형태가 아닐까 하는 생각이 든다. 물론 민주주의가 발전된 미국이나 영국에도 지역적 감정은 있다고 한다. 그러나 한 가지의 차이는 있다. 미국, 영국의 지역적 갈등은 국가나 국민이라는 명제 앞에서는 영향력을 잃게 되고 그 문제로 국가차원의 혼란이 오는 경우는 거의 없다고 전해진다.

지역감정 타파 말로만

대망의 21세리라고 외치던 지금의 우리나라는 어떠한가.

3K 연이은 집권과 그 과정에서 불만이 나타나고 그러한 원인이 된 지역감정을 타파해야 된다고 큰 목소리를 내고 있지만 실제로는 그렇게 되지도 않고 어떤 면에서 오히려 더 심해지는 것이 아닌가 하는 우려도 없지 않다. 지역감정 해소는 영원한 숙제로 남은 채 2002년 선거의 해를 또 맞이하고 있다.

이 시점에서 우리 지역은 어떠한가. 혹시, 그 고약한 지역감정의 망령이 또 살아나서 온 나라를 헤집고 다니며 한 민족을 두 개, 세 개로 나누어 싸움을 붙이고 서로 불신하는 사회를 만드는 것이 아닌가 걱정들이다.

우리민족의 정서상 이 지역 출신이 대통령이 되면 좋겠다고 하지만 더욱 중요한 것은 초등학교에서 배움직한 원론, 즉 그 사람이 국민과 국가를 위해 일할 수 있는 능력과 지도력으로 판단하여 선출하면 그만이다. 국회의원이나 지방자치단체장 선출도 이에서 벗어나지 않는다. 어느 정당의 후보는 다 유능하고 다른 정당의 후보는 다 무능한 것은 아니지 않는가.

언제까지 그러한 속에서 우리의 대표를 선출해야 하는 것인가. 정말 이 나라의 민주주의는 쓰레기통의 장미만큼 어려운 것인가. 유권자들은 이 고민에 빠져있다. 그러나 후보자들도 고민하기는 마찬가지다. 특히 지방자치단체장 후보들은 더욱 그렇다.

이 지역의 인정받는 모 인사는 공천을 받을 정당의 선택이 중요한지, 자신의 능력과 성과가 더 중요한지를 놓고 고민한다는 소문이다. 정당의 선택이 당락에 큰 영향을 미칠 것이라는 우려 때문이다. 역시 지적감정의 문제로 돌아가는 것이다. 가뜩이나 세태가 남을 꺾고, 자르고, 토막내어 큰 재목을 만들어 내지 못하는 상황인데 지역적 감정이 개입되면 더욱 어려워진다는 것이다. 지방선거의 후보자는 대부분 그 지역 출신이므로 정당의 영향력보다 그 지역의 발전에 얼마나 기여할 수 있는가 하는 점에 더 비중을 두고 선출하는 것이 옳지 않나 싶다.

한바탕 축제 같은 선거를

물론 민주정치는 의회중심이고 의회는 정당중심이라는 것에 동의하지 않을 사람은 없다. 그러나 오늘날 우리나라의 정당의 구조와 운영 또는 형태가 민주정치를 이끌어 갈 능력이 어느 정도인가도 검증되어야 한다.

미국 정당들의 전당대회와 선거는 과정이 하나의 축제 같은 분위기라고 한다. 다른 사람의 의견도 존중하면서 자기의견을 발표하고 그것을 실천하려는 의지를 나타내는 것으로 충분하다고 한다. 지역감정을 내비치는 것은 오히려 역효과를 가져온다고 한다. 비신사적 행동도 마찬가지다. 왜 우리는 아귀다툼과 같은 선거를 치러야 하는가. 그리고 한바탕 축제처럼 즐겁게 선거 하는 날이 언제쯤 올 수 있을까. 이 지역에서 우리가 인정하는 인사를 개성의 토호세력처럼 우러러 추대할 수는 없는 것일까. 그것은 오로지 도민 유권자의 손에 달려 있다.

2001. 11. 13. 중도일보

16 대북정책, 냉철한 판단 필요

북한의 정세가 숨 가쁘게 돌아가고 있다. 내부 경제 개혁 조치에 이어 경의선, 동해선의 동시 착공식이 진행되고 북·러 회담 뒤 일본과의 정상회담으로 현안문제를 해결했고 이번에는 신의주를 홍콩식 특별경제행정구로 한다고 발표했다.

한편, 미국의 부시대통령은 국가안보전략보고서에서 북한을 '악의 축'으로 재 지명하여 한반도의 기상도는 유화와 강경이 교차하고 있다.

이번에 발표된 신의주 특별경제행정지구 기본법은 과거 중국이 초기 개방과정에서 보다 훨씬 급진적인 것으로 '정견·신앙에 따라 주민을 차별하지 않고 행정고의 주민권을 가진 다른 나라사람도 입법회의 의원이 될 수 있으며 행정구 장관은 행정구 주민 중 사업능력이 있고 신망이 높은 자가 될 수 있다.'고 하는 내용들이 그것이다. 이것이 북한이 대내외적으로 막다른 골목에 다다른 현실에서 취할 수밖에 없는 정책으로 시장경제로 가는 개혁이고 대외개방을 통한 정책일 수도 있다.

북한이 일본과의 정상회담을 성사시킨 것은 일본에서의 경제 지원을 받겠다는 의도 외에 미국과의 관계개선을 위한 포석으로 볼진대 긍정적 평가를 하면서 도와주어야 한다는 생각도 든다.

북한의 경제권을 두 개로 나누어 볼 때 황해권은 중국과의 협력 속에 있고 동해권은 러시아의 협력 속에 있다. 신의주는 동해권에 속한 도시로 유럽자본을 끌어들여 중국과 유럽을 연결하고 일본의 참여는 물론 남북한, 러시아, 일본을 연결하여 동해권의 경제 발달을 꾀하려는 구상이다.

또한 북한은 일본과 유럽이 참여하는 경제협력이 이루어진다면 미국도 대북정책을 유화적으로 전환할 것이고 우리와의 화해·협력 정책에도 청신호가 될 것으로 생각하는 것 같다. 그러나 이런 일련의 변화정책이 북한이 이익을 추구하기 위한 전술적 정책일 수도 있다는데 있다.

지금까지 개혁·개방을 철저히 규탄해 온 그들이 어떻게 하루아침에 태도를 확연하게 변화시킬 수 있는 것일까? 과거에 그랬듯이 일시적 이익 추구를 위해 전술적 모션을 취하는 것은 아닐까!

분명한 것은 한반도 사태가 정상화 내지 합리화 되어야만 새로운 경제 실현을 위한 개혁·개방이 이루어 질 것이며 대남 과거사와 대량 살상무기 등 근본적 문제가 해결될 때까지 신중하고 냉철한 자세를 가져야 할 것이다.

2002. 10. 7. 대전일보

17 FTA와 축산 불황

최근 농업인들이 서울과 전국 고속도로에서 영농을 포기하겠다며 농업을 살리기 위해 한·칠레 자유무역협정 체결 반대를 부르짖고 있다. 지금 우리의 축산은 한우는 물론이고 젖소를 비롯한 돼지, 닭 등 모든 축산들의 생산과 소비가 불균형을 이루고 있으며 어디서부터 수급의 균형을 맞출지를 모르고 허둥대며 축산존립 자체를 위협받고 있다.

수급 불균형에 존립 위협

특히 돼지에서 정부는 칠레의 사육두수가 2백 50만두로 관세를 철폐하더라도 큰 피해가 없을 것이며 주된 수출국이 일본과 멕시코로 수출 물량의 84%를 수출하기 때문이라고 한다.

그러나 지난 5월부터 냉동삼겹살이 수입되고 있으며 가격도 국내 가격의 절반 정도이기 때문에 수입 물량이 늘어날 전망이고 보면 문제는 심각하다. 한우는 9월말 현재 전국 사육두수가 1백 46만두로 6월말에 비해 1만 3천두가 증가하기는 했으나 적정 사육두수가 2백 50만두에는 크게 못 미치고 있고, 가임 암소가 61만 8천두로 계속 줄고 있어 언제쯤 적정 사육두수를 확보할지는 의문이다. 또한 수입생우 가격이 두당 2백 22만원으로 한우 가격 3백 32만원보다 크게 낮기 때문에 한우 사육 농가가 수입생우 사육에 참여할 경우 고품질 한우육 생산을 위한 노력에 크게 영향을 미칠 것이다.

낙농, 양동, 육계 생산은 과잉과 소비위축으로 가격이 폭락한 상태로 불황의 늪에서 헤어나오지 못하고 있으며, 원유는 생산증가와 소비둔화로 수급 불균형 사태를 맞아 이를 타개하기 위해 젖소 3만여두를 도태하였지만 기대효과는 나타나지 않고 있다.

양돈 산업도 산지 돼지 값은 1백 기준으로 14만 5천원으로 평균생산비 16만원대에 미치지 못하여 사육두수도 9백 3만여두로 획기적인 소비대책이 없는 한 불황은 계속될 것이라고 보인다. 최근엔 강화지역에서 콜레라가 발생하여 수출이 언제 재개될지도 모르고, 육계는 현재 1억 4천9백만두로 6월말보다 34%가 줄기는 했지만 가격은 kg당 생산비에 크게 못 미치는 8백원대에 형성되고 있어 양계산업의 진로가 어두운 상태다.

축산의 수급 불균형은 언제든지 일어날 수 있는 현상이지만 지금의 축산위기는 과잉생산과 내부적 소비둔화에 있기 때문에 장기간 계속 될 것으로 보여 문제의 심각성을 안고 있다.

이런 시기에 한·칠레에 FTA와 관련해 농민들이 국회비준 거부를 주장하는 것이 어떻게 보면 세계경제질서의 흐름을 거스른다는 일부 의견도 있을 수 있으나, 얼마 전 싱가포르와 일본의 FTA 체결 전 일본에서는 자국 농업인 배려 정책을 쓴 것이나, 케인즈 그룹을 이끌고 있는 미국은 농가 안정을 위한 농업 보조금의 상승지급을 하고 있는 외국의 사례를 볼 때 우리 정부 당국의 FTA체결은 근본적 해결책을 염주에 두지 않았다고 사료된다.

현실 직시 슬기로운 대처를

정부는 FTA체결 이후, 쌀, 사과, 배 등은 협상에서 제외했다고는 하나 농업 도미노현상이 일어나 잘못하다가는 일반농가와 축산농가들이 도산위기를 맞을 수도 있다는 것을 생각했는지 궁금하다. 무조건 개방을 반대하자는 것이 아니다.

선진 농업강대국들의 정책과 개방의 한계를 살펴보고 국내 농업의 특수성을 인정하면서 농업정책을 펴주기를 바랐던 농민들에게 대안을 제시하고 정부당국의 믿음 있고 책임성 있는 농업정책을 개발하여 충분한 교육과 대화로 농민들의 동의 내지 이해를 구하는 자세가 절실히 요구되고 있는 반면, 축산농가들도 이번 불황을 슬기롭게 타개하겠다는 진정한 의지와 용기로 현실을 직시하면서 대처하는 것이 작금의 현실을 타개하는 유일한 방법이 될 것이다.

2002. 11. 25. 대전일보

18 한우, IMF경쟁력 있다

요즈음 나라 전체가 IMF로 난리다. 환율인상 때문에 농민부담은 감내하기 어려운 처지에 있다. 사료, 비료, 농자재 가격 인상 요인만 8백억원에 이르며 농약도 원자재의 50%를 수입하기 때문에 원가부담이 40%에 이르고 비료는 30%인상 요인이 생겨났다.

물론 축산업도 예외는 아니다. 사료 급여량의 70~80%를 수입에 의존하고 있기 때문에 배합사료 값은 한달전보다 30%이상 오른 반면 축산물 가격은 하락세를 지속하고 있다.

이런 상황속에서 우리 한우는 경쟁력을 가질 수 있을까? 또 경쟁력을 확보하기 위해서는 어떤 사육형태를 가져야 어려운 때를 이길 수 있을까 숙고할 때다.

우선 우리 한우의 경쟁력을 수입 쇠고기와 비교하면 환율이 8백 90원일 때 수입쇠고기 시중 판매가는 3천 8백원이었고 한우 고기 판매가는 7천 3백원으로 1.9배였다. 그러나 환율이 1천 5백원을 유지한다면 1.2배 정도로 가격차가 줄어들게 된다.

수입사료 의존 탈피해야

쇠고기는 육질과 신선도에 따라 가격차이가 크고, 냉동육보다 냉장육이 평균 30%정도 높게 거래되고 있다. 냉장육과 냉동육의 품질계수는 일본에서는 1.7~1.8정도이며, 우리나라에서는 1.8~2.0을 유지하고 있다. 한우고기는 도축 후 일주일 이내에 시중에 유통되고 있으나 미국, 호주 등에서 수입되는 쇠고기는 선박수송, 검역 등의 절차를 거쳐 통상 40~45일 후에 냉동상태로 판매되고 있다. 이런 상황이라면 한우고기의 가격 경쟁력은 크게 강화될 것이 틀림없다.

그러나 지금과 같이 수입사료에 대부분 의지하는 사육형태로는 경쟁력을 높일 수 없으며 생산비 부담증가와 사료대 확보를 위해 무리한 출하는 계속하게 되어 경기부진과 소 값 하락을 부채질하는 악순환을 겪을 수밖에 없다.

소 값의 형성은 시장출하 동향과 밀접한 관계가 있기 때문에 지금과 같이 시장 상황이 어려울 땐 출하를 자제하고 배합사료의 제한급여와 볏짚을 최대한 이용하는 지혜가 필요하다. 또한 축산의 주체는 축산인이므로 우선 축산인 자체가 달라져야 한다. 모든 여건은 달라지고 있는데 구태의연한 사고방식과 기술, 유통패턴을 가지고는 IMF의 파고를 헤쳐나갈 수 없다.

농촌 위기를 부흥 계기로

이젠 정부나 관련기관에서 무엇을 해줄 것인가를 기다리지 말고 자구적 해결방안을 찾는 것이 중요하다.

1930년 세계 대공황이 시작되었을 때 영국, 독일 등 공업국의 모든 산업은 파산했지만 농업기반이 튼튼했던 프랑스는 충격이 적었고 오히려 기반을 다지는 계기가 되어 도시 실업자들이 귀농, 도시 실업문제도 해결되면서 농촌부흥의 기회가 됐었다.

우리 농촌도 도시 젊은이들의 귀농이 급증하고 있어 젊고 유능한 인재들이 축산발전을 위해 노력할 것이고 밝은 희망이 보이는 것도 사실이다. 그러나 한편 두려운 것은 우리의 의식이 회복되지 않고 아직도 한탕주의나 줄만 잘 서면 된다는 사고 속에서 정말로 축산을 사랑하고 아끼는 많은 축산인들이 축산에 대한 희망과 애정을 상실하여 축산업 자체를 버리지 않을까 하는 점이다.

1998. 1. 10. 대전매일

19 남북정상회담은 이렇게

예정된 남북정상회담이 다가오는 신록의 계절 6월 12일에 열리게 된다. 민족의 숙원이고 지상과제인 통일의 문을 향해 남북정상회담은 한반도 냉전체제 해체와 남북관계 개선에 큰 전기가 될 것이 분명하다.

이번 남북정상회담의 핵심과제는 남북한 정치 군사적 불신의 원천인 핵문제에 대한 투명성 보장 및 재발방지 보장책, 남북한 기본 합의서와 평화체계 전환 실천 재확인, 적대관계의 법적 종결, 당국간 대화채널의 정례화, 분단으로 인한 인간적 고통의 경감조치, 이산가족 면회소 및 서신교환소 설치, 남북 경험을 통한 북한 경제 지원 등이 담긴 「남북 연합 헌장」의 서명이다.

남북분단의 현실과 구조가 반세기 이상 계속된 지금, 이러한 문제들을 한번에 합의, 실천을 기대하기는 힘들 것이다. 그러기에 우리는 남북 회담을 어떻게 접근할 것인가에 대한 방법을 찾아야 한다. 첫째는 우리의 목표는 통일이기에 핵심 과제를 통일 터전을 만드는 기틀을 다지는데 두어야하며 너무 작은 일에 매달려 큰 일을 그르치지 않는 목적의식이 확고해야 한다.

둘째는 역지사지의 이론이다. 진정한 화해와 협력은 상대방을 이해하고 어려운 문제지만 수용하고 지원하는 마음에서 상대에게 우선권을 주는 것이다. 셋째는 회담의 중심을 단기사건사적 의제보다는 장기구조사적 의제를 설정하여야 한다. 정략주의와 한건주의에 의해 정상회담이 이용되어서는 안되며, 정국 돌파의 일시적 방편으로 이용되어서도 안된다. 넷째는 정치 군사문제를 우선적으로 하면서 일이 되도록 포괄적 접근을 하고, 시민 사회의 상호교류와 신뢰를 구축하고, 쉬운 것부터 풀어야 한다. 다섯째는 남북 기본합의서의 실천이 이루어져 적극적으로 활용되어야 하며 효율성을 높여야 할 것이다. 끝으로 민족 긍지를 회복하고 한반도 문제를 자주적이고 민족 주도적으로 풀어나가는 전통을 세워야 할 것이다.

그러나 남북문제는 상대적이므로 우리만의 생각과 우리만의 노력으로 새로운 전환을 가져올 수 없다는 것이다.

북한이 진정한 정상회담을 바란다면 그동안 되풀이 했던 국가보안법 폐지나 주한미군 철수 등을 전제조건으로 내세워서는 안될 것이며 또 정상회담을 미·일 회담의 협상카드로 이용해서도 안된다.

또한 남북분단과 긴장 속의 갈등을 이용해 기득권을 누려온 냉전수구세력들도 이번 회담에 장애가 되어서는 안되며, 정치권과 언론 그리고 국민 모두의 새로운 사고와 인식을 통한 열린 시각으로 적극 협력하여야 할 것이다.

2000. 5. 8. 대전매일

20 7천만 한민족의 경사

역사적인 남북 정상회담이 6월 12일로 다가왔다. 남북한 분단사의 획기적 전환점이 될 이번 행사는 남북한이 지난 55년간의 적대적인 관계에서 공존하는 관계로 탈바꿈하는 디딤돌이 될 것이다. 정상회담 개최는 우리 7천만 한민족의 경사요, 세계 유일의 냉전지역인 한반도에 화해무드를 조성한다는 차원에서 전 세계가 환영할 만하다.

화해·협력의 첫 걸음

정상회담은 김대중 정부가 출범한 이래로 꾸준히 추진해 온 햇볕정책의 결실이다. 남북한 평화공존과 평화적 통일이 민족자결 원칙에 따라 한국민 스스로의 결단에 의해서만 가능하다고 볼 때 이번 정상회담이 과거 94년 카터 前 美대통령의 주선에 의해서 추진되었던 것보다 한 차원 높다고 볼 수 있다.

돌이켜보면 지난 반세기 동안 우리 민족은 분단으로 고초를 겪을 만큼 겪어왔다. 6·25라는 동족 상잔의 비극을 겪으면서 서로간 반목과 대립으로 지내왔던 것이 사실이다.

반세기 동안 남북을 갈라놓은 이념과 가치 속에서 우리 한반도는 냉전체제의 마지막 유물로 남게 되었다. 이제 그 모든 것을 뒤로하고 새로운 화해와 협력의 길을 향한 힘찬 첫걸음을 디딜 차례이다. 상호간 적대감을 해소하면서 상생의 길을 모색해야 할 때이다.

이를 위해서 우리는 남북한 정상이 합의도출이 가능한 문제부터 해결해나가야 한다고 본다. 우선적으로 남북한 경제협력 문제를 다루어야 할 것이다. 경제적 측면에서 남북한의 정치적 위험도가 현저히 낮아지면 민간 차원의 남북경협도 질과 양적으로 확대, 심화될 것이다. 북한의 사회간접 시설 확충을 대폭 지원, 기존의 위탁가공 무역중심에서 진정한 남북한 경제공동체를 이끌어 나갔으면 한다.

둘째로 한반도 냉전종식과 평화정착 문제에 관해서 논의해야 한다. 당면목표를 통일에 두기보다는 남북 정상이 호혜적인 공존공영의 관계부터 먼저 마련하여 적대성의 확대 재생산을 막기 위한 조치들에 합의해야 할 것이다. 이를 위해서 7.4공동성명과 남북기본합의서에서 합의한 상호비방중지를 재확인하고 내정불간섭을 공동천명하는 것이 바람직하다. 또한 군사긴장의 상징인 비무장지대를 평화지대로 전환하기 위한 공동 작업을 이끌어 내었으면 한다.

셋째로 이산가족 문제 해결을 위해 힘쓰기 바란다. 인도적 차원에서 이산가족의 생사확인과 서신교환을 가능케 하는 조치가 동반되도록 했으면 한다.

일천만 이산가족을 위해 상봉면회소 설치도 긍정적으로 검토해야 할 것이다.

마지막으로 지속적으로 남북 당국이 만날 수 있는 상설대화기구를 구성하여야 할 것이다. 지속적 대화만이 상호불신과 의혹의 장벽을 낮출 수 있다는 점에서 정상회담 이후 사안별로 남북간 실무대화기구를 구성하는 것이 중요하다.

분단 역사에 종지부를

이번 정상회담이 일회성, 단발용으로 끝나지 않기 위해서 김정일 국방위원장이 서울 답방을 요청하는 것도 바람직한 일일 것이다. 첫 술에 배부를 수는 없다. 아무쪼록 이번 회담이 상호불신과 상호위협을 걷어내고 서로간 신뢰를 조성하는데 밑거름이 되어 분단 역사에 종지부를 찍는 첫 걸음이 되기를 기원한다.

2000. 6. 9. 대전매일

2
고향에 살으리랏다

21 잡기

I

자연의 순리에 따라 진화할 때는 거부반응이 약하지만 돌연변이를 일으킬 땐 주위의 환경과 불균형 때문에 자연질서에 금이 생긴다. 그렇기 때문에 처음 벌리는 일엔 잡음이 따르기 마련이고 마찰이 생기는 법이다.

이것은 비단 인간사회 뿐만 아니라 자연계에서도 통용되는 자연법칙이다. 아득한 옛날에 수중동물이 육상으로 올라온 것이 아니라 육상동물이 하늘을 날기 시작했을 때 자연질서에 많은 변화를 초래했었다. 이런 상황속에서 인간은 변화의 연속을 가져왔고 성장 발전하였으며 끝내는 지구를 지배하게 되었던 것이다 그러기에 인간이 새로운 변화에 적응하면서 보다 낳은 새로운 변화를 어떻게 받아들이고 적응해 나가며 어떤 철학이 이를 인도하는가 주시하는 것은 무척 중요하다.

여기에 지혜가 필요하고 슬기가 아쉬우며 용기가 요구된다.

인간은 왜, 무엇 때문에 고민하고 사색하고 괴로워하는가?

II

춘추전국시대 齊나라의 靈公은 男裝麗人을 좋아해서 궁녀들에게 모두 남장을 시켰다 한다.

유행이란 그때나 지금이나 마찬가지여서 삽시간에 민간에 퍼져서 그것이 퇴폐풍조가 되어 사회문제화가 되었다 한다.

영공은 지금의 장발단속과 같은 令을 내렸으나 그것이 통할리 없다. 이에 賢臣 晏子가 그 이유를 설명하되 「궁중에서는 장려하면서 민간에게는 금지시키는 것은 마치 羊머리를 진열해 놓은 정육점에서 개고기를 파는 것과 다를 바가 없습니다」라고 했다. 이른바 양두구육(羊頭狗肉)이란 말이 생겨난 원천이다. 이와 비슷한 용두사미(龍頭蛇尾)란 말이 있던가? 꼴불견이 되지 않으려 사색한다.

III

칸트는 인간은 자유로운 존재라 하였다. 그러나 절대 자유란 정신세계에서만 가능하고 현실생활에서는 많은 제약이 뒤따르기 때문에 엄격한 도덕율의 지배를 받아야만 한다는 것이다.

인간은 누가 뭐라든 실질적 행동에의 추구를 그 목적 가치로 삼고 있다.

인간은 가장 자유스러운 그러므로 행복한 상태, 무엇에 의하여서도 방해되거나 간섭받지 아니하는 상상의 순간들을 가질 수가 있다. 이러한 자유로운 상념이 거의 무의식 및 반의식 상태에서 형상화 된 것이 낙서의 시초라 한다. 사전에 낙서란 책 베낄 때에 잘못하여 글자를 빠뜨리고 씀, 또는 장난으로 아무데나 함부로 글자를 씀, 또 그 글자, 이렇게 되어있다. 그러나 낙서는 가장 행복한 순간의 인간표현상태요 궁극적인 자기 존재의 확인인 것이다. 낙서는 가장 정직한 자기의 고백이요 의사 표현의 유력한 증거이다. 인간 사고의 자유가 때묻지 않은 순수성 속에서의 양심의 표현이고 현대사회의 생리적 배설물 같은 확실한 표현이리라.

그러기에 고민하고 사색하고 난 후의 찌꺼기 같은, 그러면서도 무더운 여름철에 퍼 마신 시원한 샘물같은 맛을 내는가 보다.

1997. 4. 15. 청지회회보

22 무제

I

사색하는 자에게 사고력과 연(硏), 상(想)의 기회가 부여되고 고독과 수심에 차 있는 자에겐 안정과 진정이 필요하다. 그래서 인생의 촉진제인 담배를 피나 보다.

화란의 우안그레스(1871)씨는 81세로 사망할 때까지 약 1,000톤의 담배를 피웠다하며 동양에선 일본의 마부였던 가납오일(加納伍一)씨가 1톤을 피워 매일 300회 즉, 3분간에 1회 정도 피웠다 한다. 무슨 이유로 그렇게 마구 피웠는지 모른다. 암의 유발을 촉진하고 니코틴의 독으로 인한 많은 건강의 해를 받는 담배값이 하늘 높은 줄 모르고 치솟으니 백해무익한 이 담배, 딱 소리 나도록 끊어볼까? 아니다. 당분간 줄이기로 하지.

II

하나의 일을 완성한다는 것이 어려운 것임은 새삼스럽지 않으나 태양을 두려워하면서도 서늘한 가을 바람을 그리워하는 심정은 왜 이리 무겁기만 한지..... 내가 서 있는 이곳은 늘 여름의 따가운 햇볕만이 싱싱한가 혼자서 기뻤다 슬펐다 하며 국화꽃을 피우게 하는 소쩍새를 생각한다.

기필코 고달프다고 생각하지 않으며 충실하지 못한 자책감이 앞서 현기증을 일으킨다. 그래도 국화꽃 향기를 음미하며 나만의 길을 뒤돌아보지 않고 가야겠다. 조심스럽게 먼 발치에서 지켜주는 고마운 분들의 도움을 차곡차곡 책갈피에 꽃잎처럼 따서 접어둔다. 시냇가에 떨어져 흐르는 낙엽을 보고 한 잔의 소주라도 나눌 수 있는 가을이 언젠가는 오리라고 위안한다. 빨리 가을이 와야 할 텐데..

III

내 생일이라고 잊지 않고 찾아 준 동시절의 부하였던 예비역 김병장(金兵長)과 같이 소주를 기울이면서 전방생활의 이야기를 한다.

서울 명동 한구석에서 콩나물밥 장사를 하지만 국가관만은 항상 투철한 사람이다.

이제는 명동을 떠나 시골에 들어가 농사를 지어야겠단다. 왜냐고 물으니 도대체 눈꼴이 시어서 명동이 싫어졌단다. 인도지나 사태 이후 긴장화 되고 더욱 놈들의 야욕이 고조화 된 지금에도 국가 안보나 총화단결 같은 것은 아랑곳 않고 자기 향락에 사는 많은 수의 사람들이 싫어졌다는 것이다.

잠깐이라도 그들을 보면 숨이 막혀 호흡이 곤란하고 혈압이 올라 머리가 아프다고 하며 날보고 자기가 농사 짓고 살 수 있는 조그만 땅을 물색해 달란다.

그럴수록 그 속에서 살아야지 시골에서 농사나 짓고 살겠다고 시골로 오면 현실을 도피해서 나만 편하게 살겠다는 욕심이 아니냐고 충고해 주질 못하고 고개를 끄덕였다.

많은 돈을 외국으로 빼돌리고 엽색행각으로 방탕하고 위장이민이라든가 하는 새로운 단어를 탄생시킨 많은 사람에게 이때까지 아무 소리도 못한 주제에 김병장에게 무어라고 충고할 수 있었겠는가? 내일쯤은 복덕방이라도 찾아가 부탁해보아야겠다.

더위를 못 이겨 헉헉대며 한 톨의 쌀을 구하기 위해 소리치는 저 많은 사람들 속에도 현실을 볼 수 있는 마음의 눈이 있을까?

IV

수박을 샀다. 반절은 아버지와 어머니께 갖다 드리고 반절을 가지고 애들에게 쪼개어 한 쪽씩 주었으니 큰놈이 자기는 수박을 먹지 않겠단다. 자꾸 먹으라고 해도 먹지 않겠단다. 왜 먹지 않으려 하느냐고 물었더니 수박은 공산당 음식이란다. 어디에서 누구에게 들었는지 겉은 파랗고 속은 빨간 그들의 술책은 여섯 살이 되어가는 큰놈까지도 이제 알고 있다. 허튼 수작 말아요, 이제는 속지 않을 테야요.

1975. 5. 19. 대전실전학보

23 술과 역사와…

특별한 보약도 아니고 영양이 별다른 것도 아닌 하나의 기호물인 술이 나의 생활의 일부로 전환된 지금 이의 참다운 가치를 논할 수는 없다.

生을 의식하려고 하거나 허무하다고 느낄 때마다 더욱 친밀해지고 오랫동안 헤어졌던 옛 벗을 만나면 그리워지는 내 생활의 촉매제다. 철학이란 자연과 인간의 관계에 있어서 궁극적인 기본이념을 추구하는 학문이요 인간과 인간을 대상으로 개별적인 자연관계를 추구하는 것이 과학이라면 술은 철학과 과학의 교량 역할을 하는 물질이다.

이런 술의 기원을 보면 인류 발생 이전에 원주라는 것이 있었다. 이는 원숭이가 고목 동굴속에 먹이로 저장한 포도가 자연 발효하여 생겼으리라 믿어지는 것으로 이것이 술의 역사라 할 수 있다. 따라서 술의 역사는 원인, 원시인, 화석인 등 인류문화 발달과정으로 보아 약 50만년전으로 추측되며 농업과 연관시켜보면 2만~1만5천년전이라 생각된다. 서양에서는 그리스의 주신 바카스로부터 시작되며 이집트의 오시리스신, 로마의 보리주스(맥주신), 일본의 아마테라스 오오미까미(천연대신)신 등 많은 주신이 존재하며 성서에서 예수가 의식을 거행할 땐 포도주를 사용했고, 중국의 유령은 음주십덕을 발표하여 주도의 시초를 이루었으며 2천여년전 우리나라 우왕은 여신이 술을 마시고 술의 진미를 느낀 다음 혼자만 마시기 위해 백성에게 금주를 시켰다 한다. 이로 보아 술은 인간의 오랜 동반자로써 이용되어 왔다.

술의 종류는 양조주(곡물 및 과실발효주), 증류주, 합성주로 나누며 세계적인 술은 영국의 위스키, 독일의 맥주, 블란서의 샴페인, 소련의 워카, 중국의 노주(고량주), 일본의 청주, 스페인의 세리 등이다. 술 1그램에 약 7칼로리의 열량을 내는데 비해 탄수화물, 단백질은 4칼로리인 것으로 보아 술은 많은 에너지를 내고 있으며 맥주 1병(청주 1합과 동일)속에는 약 1백54칼로리의 열량과 그 외 당분, 유기산, 아미노산 등이 있어 이들의 열량과 합하면 약 2백칼로리를 내는 것이 된다. 이는 우유 330그램, 계란 130그램, 쇠고기 80~130그램, 빵 75그램에 해당된다. 술이 우리 몸속에 혈액 중(100그램 기준) 0.05%가 있으면 취기가 돌며 0.1%면 기분이 좋아지고 말이 없던 사람은 말이 많아지고 0.2%면 두뇌 및 언어작용이 둔해지고 담이 커지며 0.3%면 마비가 오고 이성을 잃게 되며 심신을 가눌 수 없고 0.5%면 전후 의식을 잃게 된다. 그렇다고 술이 우리 인간에게 어떤 행복이나 희망을 주는 것은 아니로되 사색하는 사람에겐 사고와 고독을 주고 흥분한 사람에겐 안정과 진정을 이루게 하며 생활의 유모어와 인생의 묘를 주고 더욱이 교애를 이루어주는 것이고 보면 아무래도 술은 인간을 철학자로 만들어주는 매력을 가지고 있다.

충남일보 75. 5. 30. 생활에세이

24 환희

나의
懷億(회억)의 언덕에서
바라보는
풍경 같은 것
볼에 스치는
바람 소리로 해서
머언
噴水(분수) 곁에 선
한 그루 수목의 잎지는 소리

러시아워에 느끼는
현기증을
노을을 묻으며
만끽(滿喫)하며 피는
구겨진 마음의
착한 雪花여

그것은 일찌기

내게 돌아왔어야 할

아름다운

과일즙 같은 것

육군보병학교 ROTC작품전. 1965. 6

25 삼복三伏과 보신탕

삼복이란 사계절 중 가장 더운 여름철을 셋으로 나누어 놓은 것으로 초복, 중복, 말복으로 불리우고 있다. 그러나 미국에서는 여름 중 가장 더운 날을 도그데이(Dog Day)라 하여 우리말로 굳이 번역한다면 '개의 날'이라고 할 수 있겠다. 그래서인지 우리는 으레껏 삼복에는 보신탕집에 앉아서 땀을 죽 흘리며 뜨거운 보신탕을 한 그릇 먹음으로 더위를 잊어버리려 한다. 이 지구상에 유사전 6000년경에 나타난 개는 기원전 2700년경에 고대 이집트 또는 그리스인에 의하여 순화되어 우리 인간의 가장 가까운 주변에서 살아 온 동물이다. 개의 조상은 '이리'라고도 하고 '쟈카루'일 것이라고도 하나 확실히는 알 수 없으며 언제부터 우리나라에서 식용에 이용되어 왔는지는 확실한 답을 할 수 없다. 다만 왜정시대의 식민지 정치 속에서 쇠고기나 다른 고기를 먹기란 대단히 힘들었으므로 가장 우리 주변에서 가까이 구할 수 있는 개를 식용으로 이용했을 것이며 6.25를 지낸 우리에겐 굶주림 속에서 개를 식용으로 이용한 것이리라 변명을 할 수 있을 것이다.

그러나 이웃나라 중국에서는 훨씬 이전부터 광동지방을 중심으로 우리나라와는 달리 겨울철에 이 보신탕을 먹었다고 하며 돼지고기를 절굴 때 개를 잡아 돼지고기와 같이 절구어 맛을 돋구었다하니 그러고 보면 우리나라에서도 왜정시대나 또는 6.25를 지내고 허기진 배를 채우기 위해서 식용으로 이용된 것만은 아니고 별식으로 또는 정말 몸을 보신하는 약으로 이 보신탕을 먹어 온 것인지도 모르겠다.

한의학서의 기록에 보면 황견(노란개)은 사람의 몸을 덥게하며 개의 신은 정력에 좋다고 기록되어 있는 것으로 봐도 그렇다. 이 보신탕을 먹는 것이 별식이라면 외국에서도 별식은 있어 제비고기, 달팽이, 개미, 곰의 발바닥, 뱀, 개구리, 벌 등을 먹는 나라의 수는 대단히 많아 우리나라의 옛사람들도 보신탕을 별식으로 했을 가능성도 있다.

하여간 언제부터인지는 모르지만 삼복더위에는 보신탕이 제일이라 하여 개고기를 먹고 있는 것만은 틀림없으니 우리는 몬도가네에 속하는 것은 아닌지? 얼마전 모인이 블란서를 방문 중 파티 석상에서 “한국 사람이 개고기를 먹는다는데 정말이냐?”라는 질문을 받았다한다. 그분은 “무슨 소리요? 당신네들이 개구리고기나 먹지 우리는 먹지 않소.”라고 하니 손을 내저으며 “그 개구리는 식용으로 길러서 먹는 것이오.”하고 말하더란 것이다. 그래서 “우리는 개고기를 먹지만 아무 개고기나 먹는 것이 아니라 식용개로 ‘똥개’라는 것이 있어 따로 기른 것을 먹는다.”라고 하여 위기를 모면했다는 웃지못할 일화를 들은 적이 있다. 이러고 보면 구미 각국에선 개고기를 먹는 민족을 야만인으로 보는 것만은 틀림이 없다. 100억불 수출과 국민소득 1,000불을 눈

앞에 두고 중진국의 상위권을 향하는 이때 개고기로 인한 야만인 취급이란 아이러니하기만 하다.

어쨌든 개도 가축이요, 고기를 먹을 수 있는 동물임에 틀림이 없고 보면 한증막 같은 보신탕집에서 땀을 쭉 흘리며 보신탕을 먹는 방법을 선택한 것이 더위를 이기는 수단으로, 수도꼭지만을 빨고 있는 나보다는 얼마나 현명한 처사인가?

1973. 7. 14. 대전실전학보

26 頌祝의 敬詞

지금부터 40여년전 선생님으로부터 생리학 강의를 처음으로 듣고 휴식시간에 연구실로 찾아뵙고 많은 이야기를 나누던 중 선생님께서는 철없는 저에게 중국의 고사 하나를 말씀해 주셨습니다.

齊景公이 孔子에게 정사에 대해 물었을 때 孔子는 '임금은 임금다워야 하고 신하는 신하다워야 하며 부모는 부모다워야 하고 자식은 자식다워야 한다.'는 말을 인용하시면서 모든 사람이 자신의 위치에서 책임과 본분을 다하고 분수를 지켜야만 사회 질서가 확립되며 서로를 존경할 수 있을 것이라고 하셨습니다.

당시 대학 2학년 학생으로서는 이해하기 어려운 점이 없는 것은 아니었으나 지금도 항상 생활속의 지표로 여기고 있습니다.

제자를 이해하고 관용을 베풀며 심오하고 해박한 지식을 갖추고서도 아는 체하지 않고 자신을 과시하지 않으면서 완만하며 검소한 생활 태도 속에 놀라울 정도의 기개와 학식과 덕망은 선명하고 온정 어린 인간성을 가지신 선생님께 흠뻑 감화되곤 했던 적이 한두번이 아닙니다.

항상 의연함과 깨끗한 생활을 하셨고, 자신에게는 충실하고, 제자들에게는 정성을 다 하시는 선생님께서는 매사에 겸손하시며 조화를 이루고 충청도 선비의 길을 걸어가시므로 제자들을 학술 활동에서는 항상 진지함을 유지토록하며 전통윤리가 가치관의 근본임을 깨달아 진정한 인간이 되도록 하셨습니다.

특히 교육 현장에서는 제자들에게 전공과목에 대한 충실성을 가르치심은 물론이거니와 세태적으로 퇴색해가는 인간성 회복과 도덕성 회복의 길을 같이 가르쳐 주셨습니다.

맑은 시냇물이 흐르는 골짜기의 은근하고 차분한 분위기처럼, 선생님은 언제나 깨끗하고 알뜰하게 정돈된 호수 같으시며, 조용하면서도 빈틈이 없어 깔끔하기만 하신 신사 교수이시며, 그러면서도 여백이 넉넉한 한 폭의 동양화의 모습이었습니다.

세상을 보시는 안목, 진리를 추구하시는 의지, 원칙을 중시하는 대범함과 꼿꼿한 정신, 자연과 예술을 즐기시는 여유와 낭만, 고결한 선비정신 등 진정 선생님은 이 시대의 마지막 선비이십니다.

예의범절이 무너지고 법이 도착되며 사이비가 난무하는 이 시대에 과연 선비가 있는가 하는 목마름에 유난히 돋보인 선비가 바로 선생님입니다.

학문이 필요한 곳에 학문의 씨를, 정이 필요한 이 땅에 정의 씨를 뿌리시고 가꾸시며 가르쳐 오신 선생님께서는 세월의 흐름 때문에 많은 후학과 제자들을 뒤로한 채 명예로운 정년이라는 시간의 정착역에 서시게 되었습니다.

그런 선생님의 얼굴에 여유 있는 미소가 남아있습니다. 이것은 선생님만이 알 수 있는 인생의 승리자로서의 회심의 미소일 것입니다. 이는 일생을 통하여 분수를 지키시기에 조금도 지나치지 않으셨고 항상 근면 성실하심과 봉사정신을 보여주시어 저희들에게 정신적 지주가 되어주셨기에 그 미소는 승리자로서의 미소임이 당연합니다.

선생님 부디 건강하십시오. 그리고 이제 시간을 내셔서 꼭 대전에 오시어 며칠 묵으시죠. 좋아하시는 머엉~머엉탕과 쇠주를 꼭 대접하겠습니다.

정영채 교수 정년퇴임기념집 2002. 2

27 길

인생은 목적을 향해서 길을 가는 나그네이다. 그러기에 삶 자체를 여행이라 한다.

일정한 목표를 가지고 길을 가는 나그네는 그 가는 길이 보람되고 피로도 적어진다.

목적의식을 가지고 자기의 맡은 일을 한다면 일 자체도 기쁘려니와 보람 또한 크다.

어느 더운 여름 한낮에 인도의 황태자가 미행길에 나섰다. 마침 사원을 짓기 위해 세 사람의 석공이 일을 하고 있었다. 한 석공에게 "당신은 무엇을 하고 있습니까?"하고 물으니 석공이 "보면 모르오. 돌을 깎고 있소이다." 둘째 석공에게 물으니 "돈을 벌고 있습니다.", 셋째 석공에게 물으니 "절을 짓고 있습니다."라고 각기 다른 대답을 하더란다.

자기가 하고 있는 일이 무엇인지 왜 하는지를 모르고 돈을 벌기 위해서나 할 수 없이 마지못해서 한다면 그저 시간이나 보내고 적당히 하게 될 것이 틀림없고 보면 세 번째 석공이야 말로 진실 된 자기의 길을 가고 있는 사람이다. 맡은 일이 아무리 작고 그것이 보잘 것 없다 하더라도 최선을 다하여 기쁜 마음으로 한다면 그것이 참 인생을 사는 것이며 자기의 길을 가고 있는 것이다.

소크라테스가 아테네 법정에서 사형선고를 받고 마지막으로 남긴 말이 "이제 나는 떠날 때가 되었다. 우리는 우리의 길을 가고 있는 것이다. 나는 죽으러 가고 여러분은 살러 가는데 누가 더 행복할 것인가는 오로지 신만이 알 것이다."라고 하였다.

사람은 각기 가는 길이 다르고 하는 일이 다르지만 최선을 다하고 가는 길은 그 길이 어떤 고난의 길일지라도 행복할 수밖에 없다는 소크라테스를 생각해야 한다.

우리는 어떤 자세로 살며 어떤 길을 갈 것인가?

그것은 나 자신에 대한 책임적 행동을 말한다. 책임이란 부르는데 대한 응답이다. 정의가 부르고 역사가 부르고 조국이 부른다. 이때 서슴지 않고 뛰어가 기쁜 마음으로 대답하고 긍정적이고 적극적인 사고로, 진취적이며 희생적인 자세로 일할 때 인생의 참된 길을 가는 것이다. 겸허한 자세와 부드러운 마음씨로 항상 잠깐 머물다 가는 나그네이기에 떠날 때는 아쉬움이나 미련을 남기지 않고 진정한 나의 길을 찾아 가는 것이 우리가 걸어야 할 길이 아니겠는가?

1986. 2. 7. 대전일보

28 해로동혈 偕老同穴

해금(海錦)동물의 일종으로 모양이 수세미 같고 밥주머니를 가졌으며 밑부분에 길다란 오라기 모양의 털이 매달려 깊은 바다 밑바닥에 기생하는 동물이 있다.

그 동물의 밥주머니 속에는 구멍새우 한 쌍이 함께 기생하는데 이 구멍새우를 가리켜 해로동혈이라 했으나 지금은 해금을 가리켜 해로동혈이라 부른다. 해로동혈이란 부부금슬이 유달리 좋은 때 쓰는 말로 "살아서는 같이 늙고 죽어서는 한 구덩이 속에서 영원히 잠들겠다."는 말과 같다. 백년해로 운운하는 것은 바로 이를 두고 하는 말일 것이다.

이제 바야흐로 봄이 문턱에 와 있다. 햇빛을 받아 눈 녹은 대지는 면적을 넓히고 살갗을 부드럽게 쓰다듬는 봄기운은 만물을 동면에서 깨어나게 하고 해로의 행렬은 다시 활기를 띠게 될 것이다.

묘한 자연의 섭리니 만물의 영장이라 자부하는 인간의 힘으로서도 그 법칙을 달리 수정할 수는 없다. 때문에 인간도 그 법칙에 순응해야만 하는 것이다. 그러나 인간은 인간에게서 오는 특성 때문에 다소 허영심에 들떠 어리석고 무익한 교만한 행동을 하며, 감정의 어리석음 때문에 질투심을 가지며, 지나친 자기욕망에 대한 불균형과 요구를 무시당했을 때 자존심의 상함을 견디지 못한 나머지 품게 마련인 분노는 해로동혈의 의미를 무색하게 만든다. 하찮은 미물도 자연의 섭리를 받아들이는데 바로 인간에게서 해로동혈의 의미가 무색해진다는 데에 심각성은 가중된다.

물론 모든 인간이 다 그렇다고 얘기하자는 것은 아니다. 대부분의 사람들은 자연의 섭리를 따라서 해로동혈을 하고 있는 것이다.

그러나 간혹 교만, 질투, 분노는 인간의 본심은 아니지만 우리 생활의 언저리에 맴돌기 때문에 마음을 놓을 수 없는 것이다.

해로동혈이 어찌 부부사이만의 이야기로 볼 수 있겠는가. 이념을 같이 한 동지나 정을 나누어 온 친구사이에도 같은 이야기다.

그러나 가장 중요한 것은 인간이 자신의 본심과 해로동혈 할 수만 있다면 현실에서 오는 고통과 치료에서 생기는 자존심의 감소를 견딜 수 있을 것이다.

1986. 3. 1. 대전일보

29 봄의 小考

자연의 순리에 따라 진화할 때는 거부반응이 약하지만 돌연변이를 일으킬 땐 주위의 환경과 불균형 때문에 자연의 질서에도 금이 간다.

그렇기 때문에 처음 시작하는 일엔 잡음이 따르기 마련이고 마찰이 생기는 법이다. 이것은 자연계 뿐만 아니고 인간사회에서도 통용되는 자연법칙이다.

아득한 옛날 수중동물이 육상으로 올라온 것이나 육상동물이 하늘을 날기 시작했을 때 자연질서에 많은 변화가 초래됐었다. 이런 속에서 인간은 변화의 연속을 가져왔고 성장 발전하였으며 끝내는 지구를 지배하게 되었다. 그러기에 인간은 새로운 변화에 적응하면서 보다 나은 새로운 변화를 어떻게 받아들이고 적응해나가며 어떤 철학이 이를 인도하는가 주목해 보아야 한다.

여기에 지혜가 필요하고 슬기가 아쉬우며 용기가 요구된다.

봄의 감각은 만물을 소생시키고 화합의 진리를 삶 속에 느끼게 한다. 얼마 전 우리는 오랜만의 감추어진 교양이 지성적인 대화를 통하여 탄력있게 감지되는 것을 보았다. 비교적 형식을 좋아하는 우리네 감각은 내일로 이어지는 미래를 믿으려 하지 않고 형식이나 관습에 지배당했으며 과학의 발달로 인한 현대의 빠르고 편리함은 직선적인 사고를 갖게 했다.

3차 산업시대에 살고 있는 우리는 고뇌하고 사고하여 진리를 얻기보다는 과학에 의존하여 그 답을 컴퓨터에 물었고 노동의 대가 대신에 불로소득을 노리고 있었으니 인간의 본연의 자세가 흐트러지고 있다.

그로인해 어려운 문제는 방관하고 쉽게 잊어버리며 기상천외할 사건이 생겨도 눈 하나 깜박이지 않는 무감각의 상태가 되었다. 무슨 일이든 당장에 해결하려 들고 약삭빠르고 성급하게 하루를 살아간다. 그러나 우리는 타성적인 생활에서 오는 권태감 내지 삶의 형태에 대한 거부반응을 우리가 스스로 참고 견디며 뚫고 나가야 한다.

아무리 컴퓨터 속에서 살아가고 있지만 우직하게 차분히 기다리는 새싹의 지혜를 새봄을 맞아 우리 모두 가져보는 것이 어떨는지….

1986. 3. 1. 대전일보

30 자유

인간은 이성적 존재이어서 자연 속의 어느 존재보다 대자연의 이치에 접근하여 살고 있다. 대자연의 이치에 맞도록 스스로 행동할 수 있다는 점에서 우리는 인간의 가치를 인정해주며 존엄함을 터득한다.

만물이 다 그러하다고 할 수도 있겠으나 사람처럼 사는 동물도 없으니 신이 아닌 입장에서 인간이 가장 귀한 존재이다.

"天地之間 萬物之中 惟人最貴…"인 것이다.

그러므로 인간은 가장 존엄한 존재이며 존중되어야 한다.

존중되어야 하니 존중해야만 한다. 존중됨의 제일 요소는 인간에게 있어서 자유의 보장일 것이다. "자유가 아니면 죽음을 달라." 했으니 자유가 없는 인간은 인간이 아니라는 말과 같을 수밖에 없다.

자유는 가볍게 또는 쉽게 쓰이고 있는 말이면서도 가장 핵심이 되는 말이다. 자유란 자기가 하고 싶은 바를 실행하는데 있다고들 하는데 이것은 보통 사람들이 의미하는 자유이다. 여기서 말하는 자유는 인간이 살아가는 과정에 있어서의 모든 자유를 가리킨다.

그렇기에 자유의 박탈은 인간에게서 용납될 수가 없다. "자유스러운 시골쥐와 서울쥐"라는 우화가 생각난다. 제한된 삶보다는 차라리 썩은 콩과 겉보리를 먹는 시골로 가겠다는 그 시골쥐가 가상하다.

아무리 기름진 음식을 먹을 수 있으며 으리으리한 넓은 응접실이 있는 집 속에서 산다해도 자유로움과 비교할 수는 없는 것이다.

그러나 분명한 것은 자유 때문에 자유가 침해받을 수는 없다는 점이다. 내가 자유를 누리는 것이 타인의 자유에 문제가 생긴다면 안될 노릇이다.

자유는 절대적인 것이 아니다. 그러므로 모든 인간이 자유에 대하여 평등한 자격을 가졌으면서도 그것을 맹목적으로 행한다면 아주 큰 위험에 부닥칠 수도 있다.

자유란 애당초 모든 사람에게 주어진 천부인권이지만 인간의 가치를 실현함에 뒤따르는 상대적 보상이지 인간답지 않은 사람에게도 똑같이 무료로 주어지는 축복이 아닌 것이다.

자유는 자유를 올바로 실현할 수 있는 앎에서부터 누리는 것이다. 그렇지 못한 자유는 자유가 아니며 그렇지 못한 사람은 결코 자유인이 될 수 없다.

1986. 2. 21

31 인생 40代

푸르고 넓은 초원이 있고 그 밑으로 맑은 시냇물이 흐른다. 석양의 붉은 놀이 지기 시작한 들녘에서 희고 검은 얼룩무늬로 선명한 소떼의 울음소리가 긴 여운을 남긴다. 차양이 큰 모자를 쓰고 말을 탄 목동이 소떼를 몰아가는 소리와 그 낭만적인 분위기를 나는 지금도 생생하게 기억한다.

이런 어릴 적의 꿈속에서 시작된 나의 축산인생이 어느덧 40을 넘어서게 되었다. 지금도 쇠똥냄새와 꿀꿀거리는 돼지소리 속에서 사는 것이 내 생활의 전부이다시피한 나에게 40대의 인생의 의미를 찾으려고 노력하면서 살아가지만 그저 보잘 것 없기만 하다.

오늘이 지나면 끝나버릴 것만 같은 세월속에서 긴장하고 고뇌하면서도 오늘이 좀 더 보람찬 하루가 되도록 노력한 탓인지 그래도 기계적으로 넘겨버린 세월만은 아닌 것 같다. 자신의 이성과 존재성이 부정당하게 될까봐 나를 너무 강조했고, 그로 인해 의지와 도덕과 해학마저 잃어버리고 말았으며 순간을 넘기려는 기교속에서 나도 모를 갈등과 번뇌로 신경증세마저 일으켜야 했던 많은 날이 있었다. 이런 안일함 속에서 지금은 모질게 들어닥치는 그리움과 아쉬움만이 나를 허탈하게 한다.

억압과 강박속에서 저항하면서 소 발굽에 밟힌 목초를 일으켜 세우고 돼지우리에 축축히 깔린 자릿깃을 치우면서 그래도 어제의 세월이 진정 굴하고 슬펐던 원망의 시절만이 아니었다고 생각한다. 이제는 범사에 감사하는 마음이 앞선다. 바보스럽기만한 웃음 속에서 나태하고 고립된 생활 속에서 토하고 싶은 외침이 있었기에 하찮은 일에도 흥분했던 어제와 오늘은 좀 더 보람되게 살고자 하는 시간이었다. 단 한번의 외출도 없이 오로지 한 길에서 맴돌던 사십년은 정말 외롭기만한 세월이었기에 넓고 푸른 초원이 더욱 그립기만 하다. 강의시간 내내 흘러내린 땀을 손등으로 닦아내면서 좀 더 크게, 밝게, 그리고 높게 이상을 가지라고 목청을 돋우던 강의실도 이제는 조용하다.

닥쳐오는 장마소식에 금년엔 더 많은 건초와 싸일레지를 담가야 한다는 생각에 마음만 급하다. 그런데 자꾸만 농촌을 버리고 떠나는 젊은이를 생각하면 왠지 서글픈 마음 뿐이다. 사십이면 불혹(不惑)이라는데 아직도 마음은 어린 시절의 꿈속에 살고있고 몸에 배인 쇠똥냄새는 구수하지 않으니 또다시 신경질적 발작을 일으킬까 두렵다.

안경 밑으로 땀이 자꾸만 배어들어가니 검은색 안경은 좀 더 밝은 색으로 바꾸어야 할까 보다. 아직도 세상엔 어두운 곳보다 밝은 곳이 더 많이 있다. 목초 속에 무성한 잡초는 언젠가는 없어질 것이 확실하다. 희망을 가지고 사십이 가기 전에 나의 의지와 확신을 더욱 견고히 해야겠다 다짐해 본다.

1984. 7. 6. 대전일보

32 고향에 살으리랏다

봄이면 알 칡을 캐고 할미꽃을 꺾으러 뒷산에 올랐으며 앞개울에서 발가벗고 신나게 멱을 감다가 초가집 굴뚝에서 저녁 밥 짓는 연기가 오르면서 땅거미가 지기 시작하면 아무 밭에나 들어가 참외서리, 수박서리를 해서 허기진 배를 채웠다. 가을에는 논둑이나 밭둑에서 콩을 뽑아 콩떠기를 하고 벼를 베고 난 논에서 벼이삭을 주우며 우렁과 게를 잡았고 겨울엔 동리 젊은 청년들을 따라다니며 비학산으로 남곡 뒷산으로 사오십리는 되고도 남을 눈 덮인 산속을 뛰고 뒹굴면서 산토끼나 꿩을 잡으러 하루를 보냈다. 꽁꽁 언 앞 논에서 썰매를 타다가 춥다고 논둑에 불을 놓아 손발을 녹이는가하면 웅덩이의 얼음을 깨고 새우를 잡기도 했다.

지금 내가 70여리나 멀리 떨어져 있는 대전으로 힘든 출퇴근을 해가며 고향을 떠나지 못하는 이유는 이런 여러 가지 어린 날의 고향에 대한 인연과 추억이 나를 붙잡아 버리고 있기 때문이다. 대전에서 조치원 방향으로 30킬로미터쯤 국도를 따라 가노라면 앞엔 확 트인 들판이 있고 그 들판을 지나 금강과 계룡천이 흐르고 뒤에는 중강산과 탑골산이 병풍처럼 둘러싸인 잘 가꾸어진 동리가 나오는데 그곳이 바로 내가 태어나고 어린 시절을 보낸 내 고향 연기군 금남면 대평리이다.

300여호 되는 제법 큰 농촌으로 금남면 소재지이며 초등학교는 약 2킬로미터쯤 떨어진 신촌리에 있다. 학교 가는 중간에 여우골이 있고 그 옆에는 상여집이 있어 어두워질 때면 혼자서는 무서워서 근처에 가지도 못했다. 그러나 나는 친구들과 어울려 곧잘 캄캄한 그믐밤이면 여우골까지 갔다 오는 담력이 누가 더 센가 하는 시합을 하곤 했다. 또 매년 음력 정월 보름이면 강 건너 앞마을(남면 나성리)과 쥐불싸움을 벌인다. 깡통에 구멍을 여러개 뚫고 긴 끈을 매어 쥐불통을 만들고 마른 나뭇가지를 넣어 불을 붙인 다음 처음엔 서서히 돌리다가 차츰 빨리 돌려서 불이 완전히 살아나게 한다. 겨울밤 어둠 속을 수놓은 수많은 쥐불통의 행렬은 장관이다. 강을 사이에 두고 상대 마을 쪽으로 이 쥐똥불을 던져 보내면 이기게 되는데 이긴 마을엔 풍년이 온다고 믿었던 것이다.

6.25사변 이듬해에 부산에서 피난살이를 끝내고 고향에 돌아와 다시 학교를 다니게 된 것은 초등학교 4학년 때였다. 그해 정월 대보름 훌륭해 보이던 선배들이 나를 처음으로 쥐불 싸움에 참여시켜주었다. 대평리는 6.25사변 당시 격전지였던 까닭에 부서진 트럭이나 장갑차 그리고 괴뢰군 탱크, 미군

탱크가 여기저기 방치되어 있었다. 우리는 그곳에서 타이어 고무를 뜯어내 쥐불통의 연료로 사용했는데 나는 그때 선배들의 쥐불통 속에 넣을 나뭇가지와 고무를 날라다주는 보급 수송대원 역할을 하였다. 쥐불통을 돌리며 소리치고 싸우는 선배들을 보면 부럽기 한이 없었으니 그래도 비록 싸움은 많이 못했지만 보급품을 대어주는 일을 맡은 것만으로 얼마나 자랑스럽고 내 또래들에게 으시댔는지 모른다. 개학이 되어 학교에 가 쥐불싸움 이야기를 신나게 하는 나를 친구들은 선망의 눈길로 바라보았으며 다음해 겨울엔 그 싸움에 끼어서(비록 보급품을 나를 지언정)같이 놀게 해달라고 신문지에 둘둘 말아 점심 대신 싸온 꽁보리밥 누룽지를 내 책상 속에 넣어두곤 했다. 누룽지 이야기가 나왔으니 그때만 해도 봄이면 보릿고개라 쌀밥 구경하는 집은 면내에서 몇 집이 되지 않았고 거의가 보리밥이거나 아니면 밀기울과 콩을 섞어 만든 개떡으로 연명을 했다. 그것도 점심에 도시락 대신 누룽지나 개떡을 싸오는 학생 수는 절반 정도이고 나머지 학생은 배고픔을 참으며 공부를 했으니 지금 학생들이 생각이나 할 수 있겠는가.

대평리는 5일마다 한번씩 장이 선다. 장날에는 각지에서 온 상인들이 구수한 목소리로 상품을 선전하는데 특히 약장수가 바이올린을 켜고 노래도 하면서 약을 파는 광경은 신기하기만 했다. 시골에서 1년에 한번 정도 하는 서커스와 추석을 전후해서 상영되는 활동사진을 최고의 구경거리로 보아온 나에겐 참으로 진구경이 아닐 수 없었다. 구성진 가락 속에 시간 가는 줄 몰랐고 '이수일과 심순애'의 멋진 사랑이야기가 나오면 짜릿한 감정을 느끼기도 했다. 새로 나온 유행가를 배우고 그리고 왼손에 있던 동전이 어느새 귀로 가 있는 신기한 마술을 흉내 내기도 하였다.

그러다가 장이 파할 즈음에 어머니를 졸라서 색연필과 공책을 사고 보면 그렇게 신이 나고 좋을 수가 없었다. 고향! 누구에게나 고향은 있겠지만 따스한 어머님 품 같은 내 고향 대평리는 언제나 함께 숨 쉬고 있다. 지금은 소 도읍 가꾸기로 3층 양옥이 세워지고 다방이 있고 대전에서 시내버스가 들어온다 하여 온 면민들이 들떠있다. 그 덕분에 땅값은 오를대로 올라 한 평에 몇 십만원을 호가하지만 그래도 내 고향의 훈훈한 인심과 정다운 마음씨만은 변하지 않고 있다.

나보다 나이 많으면 모두가 형님이요, 아저씨로 부르고 어린 사람은 조카요 동생으로 대해 준다. 그러기에 뉘집 생일이면 서로 같이 축하해주고 어려운 일이 생기면 온 동네가 나누어 같이 염려한다.

이번 겨울 방학엔 어릴 적 초가집 지붕에 손을 넣고 참새 잡던 생각을 해서라도 큰놈을 데리고 뒷산에 올라 참새 그물이라도 쳐 보아야겠다.

1982. 12. 25. 대전일보

33 여름을 맞으며

인간과 자연과의 궁극적인 기본이념을 추구하는 것이 철학이다. 지혜에 대한 사랑과 아끼고 닦는 학문을 가리켜 철학의 원뜻이라 하면 지식의 끊임없는 사랑이 곧 철학이다. 여기에 반해 인간과 인간을 대상으로 한 개별적인 자연관계를 추구하는 것이 과학이라면 철학은 전체의 통일성과 조화성에 대상을 둔다.

다시 말하여 철학은 모든 사물과 현상의 본질을 이해하는데 목적이 있다면 과학은 인간현상의 본질을 이해하려는데 목적을 두고 있다.

그런 면에서 봄은 철학과 과학의 이념이 시작되는 계절이고 인간에게는 희망을 주는 영광된 날들인 반면 의욕과 활개 대신에 실증과 짜증을 내게하며 성실과 행복 대신 불쾌지수를 따지고 보신탕이라는 미명으로 미화시킨 소위 개장국을 생각나게 하는 무더운 여름이면 대화는 궁핍하게 되고 불화는 자의반 타의반으로 일어나게 된다.

대화와 신념으로 정성어린 실행을 하지 못하고 이해가 단절되고 불신의 도는 높아가고 자칫하다가는 의지와 도덕을 강탈당하기 쉬운 계절이다. 웅크러진 마음과 건강하고 활발한 사고력으로 살아가겠다고 다짐하던 봄의 철학은 사라지고 인격에 벽을 쌓게 되는 여름을 맞으면 남쪽에다 집을 장만하여 분수에 맞지 않게 낭비를 하고 스피노자의 한 그루 사과나무는 어디다 버리고 위장이민이라는 새 단어를 탄생시키게 되는지? 비굴하고 슬프지만 원망치 않고 견디어 자주의식을 찾으려던 숭고한 사상은 망각하고 연구해야 할 학문은 뒤로 한 채 투자에 대한 비례이익만을 생각하게 된다. 또한 폭력의 연쇄가 일어나고 억압받고 짓밟힌 소수가 저항함에 있어서 합법적인 수단마저 말살 당한다. 우리라는 집합체를 잊어버리고 나만을 지나치게 강조하게 되고 그러기에 '나는 망해도 우리는 살 수 있고 우리가 망하면 나도 살 수 없다'는 평범한 진리마저 망각하게 되는 계절이 오는 이 때 우리는 신의 축복과 지혜를 바라야 하지 않을까?

철학의 기본 의의를 다시 한번 생각하면서 금년 여름엔 무더운 더위를 이기고 빨간 열매를 잉태한 사과나무를 생각하면서 모질게 들어닥칠 사회의 공해를 제거할 힘을 지금 다시 길러야 되겠다.

흐뭇하고 소박한 인정 속에서 유머를 강탈당하지 않고 맑음을 호흡하면서 이마에 흐르는 땀을 씻어 줄 신선한 바람을 다시 기다린다. 바보 같은 웃음을 웃으면서 나의 조그만 정성이 잃어버린 도덕의 부활을 기원하고 내일의 더 많은 대화를 추구할 수 있게 되기를 바랄 뿐이다.

1976. 6. 15. 충남일보

34 석양을 향한 질문

붉디 노오란 석양이여
은빛 강물과 푸른산 아득히
너는 기어이 나를 잠재우누나

희미한 눈망울 껌먹거리며
모기소리보다 작은 내 노래를
둥근 달이 뜨는 보름밤에도
진 먹구름이 가리우고서야
향기에 취해 웃는구나

슬픔과 분노를 삼키며
고뇌속에 긴밤 지새우게 하고
여우의 간계를 남욕의 잔속에 감춘 채
그래
별빛마저 먹구름으로…

눈속에 찬 이슬방울 맺힌 채로

나는 정말

아침을 맞게 하려는가.

1988. 6. 8. 실대학보

35 大淳대순에게

무더운 여름날 답답한 방 안에서 책과 씨름하는 너의 모습은 안쓰럽기만 하구나. 그러나 고생 끝에 낙이 온다고 너의 노력이 헛되지 않고 좋은 결실을 맺으리라 생각한다. 그러나 한편으로는 네가 하고 있는 일은 너에게 주어진 문제를 네 자신이 해결하려는 사명이고, 또 목표이고 보면 더 많은 노력과 지혜, 그리고 정성을 기울여야 하며 동시에 그것은 너의 책임이기도 하다. 책임이란 그 원인이 자신에게 있다고 느끼고 그 결과에 대해서 자신이 짊어지는 것이다. 자신의 이성과 양심대로 행동하고 그 결과에 대하여 스스로 책임지는 도덕적 존재로서 책임이 인격의 가장 중요한 척도라면 현재 네 자신이 하여야 할 직분이 어떤 것인가를 생각하여야 한다.

강한 책임의식을 동반한 사명적 인생관을 가질 때 힘차고 보람되며 의미 있는 인생을 살아갈 수 있기 때문이다. 자기가 하고 있는 일에 애정과 애착을 가지고 있는 사람은 비록 그 일이 힘들다 하더라도 성심성의껏 최선의 노력을 다한다.

따라서 책임을 진다는 것은 스스로 자기를 사랑하며 존중하는 자애자존(自愛自尊)인 것이다. 그런 사람에게는 자기 불만이나 불평이 있을 수 없으며 책임회피나 책임전가도 찾아볼 수 없는 것이다.

밤잠을 자지 않고 너만을 걱정하는 너의 어머니는 오늘도 혼탁한 너의 주변이 아무리 너를 유혹한다 해도 너에게는 그것을 이겨낼 용기와 너 자신이 해야 할 책임을 버리지 않게 해달라고 천주님께 기도하고 계시는구나.

대순아—

사람은 나름대로 뚜렷한 목표를 가지고 살아간다. 그러므로 자신이 귀중하게 여기고 바람직하다고 생각되는 것을 실현하기 위하여 육체적, 정신적 고통을 참으며 노력하는 것이다. 순간적인 향락에 빠져들면 아름답고 참되며 완전한 것을 얻을 수 없게 된다. 그렇다고 자라나는 너에게 분수에 넘치며 절제하는 속에서 예절과 신의를 잊고 향기로운 인간미를 버려서까지 책상에 앉아 있기를 바라지는 않는다. 항상 반성하는 겸허한 자세로 사랑과 평화를 심고 밝은 표정으로 남을 존중하면서 결과에 집착하지 않고 최선을 다하는 강한 사람이 되길 바란다.

다른 집 아이들처럼 물질적 풍요를 안겨주지 못하는 애비이지만 너는 내가 제일 사랑하는 아들이라는 사실을 꼭 기억하고 이 더운 여름을 이겨내길 바란다.

1991. 7. 27. 대전매일

36 합성세제

환경오염이란 인간의 활동에 수반하여 발생하는 유해물질 또는 에너지가 물, 공기, 토양을 매개로하여 계속적인 상태로 일반 공중의 건강 내지 지역의 자연환경에 피해를 주는 것을 말한다.

새로운 오염원이 자연생태계에 유입되면 생물에 악영향을 끼쳐 커다란 피해를 입게 된다. 유해물질이 축적된 농산물이나 물고기를 먹고 유해물질이 함유된 물을 마시는 우리 인간은 자연으로부터 어쩌면 피해를 되돌려 받는 것인지도 모른다. 도시생활에서 필요한 생활용수의 양은 한 사람당 3백리터 정도지만 산업활동이 팽창되고 생활수준의 발달로 점점 양이 증가하는 추세에 있다.

끊임없는 짜증과 스트레스가 쌓이는 더운 날엔 냉장고 속의 시원한 보리차 한잔이 제격이다. 그러나 대청댐으로부터 정수장으로, 정수장에서 가정의 수도꼭지로 나온 물의 값을 생각해 본 일이 있는지 모르겠다. 한편 수돗물을 그냥 마시지 않고 보리를 넣어 끓여서 냉장고에 넣어 식혔다 마시는 보리차의 한잔 값이 외국에서 사오는 석유 한잔의 값과 비슷하다는 사실은 더더욱 생각해 본 일이 없을 것이다.

물의 오염은 대부분 공장에서 배출되는 산업폐수에서 유래되기는 하나 가정에서 흔히 쓰고 있는 합성세제에 의해서도 유래된다. 인류는 5천년전부터 비누를 사용해 왔는데 이때의 비누원료는 천연유지와 나뭇재가 사용되었다. 이러한 비누는 1·2차 세계대전을 겪으면서 합성세제에 의해 밀려났다. 1차 세계대전때 독일에서 고급 알콜의 황산염을 사용하고 2차 세계대전때 경성세제인 ABS를 합성하여 사용했는데 이를 미국에서 상품화하여 모든 나라에서 비누사용량을 크게 압도하여 왔다. 그 후 ABS에 대한 환경문제가 대두되어 LAS(연성세제)가 발명되었고, 1967년부터는 경성세제인 ABS의 사용은 엄격히 규제되고 있다.

합성세제는 사용 시 조그만 부주의로 야채나 과일, 그릇에 붙어서 또는 음식물을 통하여 입으로 들어오거나 손이나 피부에 흡수되어 세제의 미립자가 폐 속에 들어가는 경우도 생긴다. 이로 인하여 인체에 큰 영향을 미치게 되는데 그 중 하나는 다른 독성물질과 상승작용을 나타내 독성을 더욱 증가시키며 또 하나는 동물실험에서 미량의 ABS를 계속 먹이면 태아에 기형이 나타났다는 보고도 있으며 혈액에 흡수되면 혈구를 파괴하여 용혈현상이 나타난다고 한다.

무의식적으로 편의성 때문에 사용하고 있는 합성세제가 이렇게 엄청난 환경오염과 인체에 피해를 주는 것을 생각하고 맑고 깨끗한 물을 이용하기 위하여 합성세제의 사용을 자제하는 지혜를 찾도록 같이 노력해야겠다.

1991. 8. 10. 대전매일

37 1회용 종이컵

자본주의 경제의 특성과 수요의 창출, 소비자의 자극, 수요자의 기호 등에 의해 생겨난 1회용은 우리주변에 무척이나 많다. 특히 자동판매기의 출현과 더불어 급속히 보급된 1회용 종이컵은 한번 쓰고 버리니 자원의 낭비이며 자연훼손의 근원이 되고 있는데도 현실 수요는 늘어나고 있는 실정이다.

1회용 종이컵을 만드는 종이는 특수코팅을 한 보통 종이가 아니라서 우리가 수입을 하여 쓰고 있다. 가볍고 질기고 보기 좋으며, 깨끗한 1회용 컵의 인기가 계속될 것은 틀림없는데 문제는 컵의 안쪽에 칠해져 있는 비닐코팅이다.

액체를 담아야하기 때문에 스며드는 것을 막기 위해 방수처리가 어쩔 수 없이 필요한데 방수제 중 가장 값싸고 손쉽게 구할 수 있는 것이 염화비닐계 물질이고 이것은 코팅 등 가공에 용이하다, 자연상태에서는 이 염화비닐계 물질은 잘 썩지 않는 것으로 바로 이 점이 자연을 훼손하는 근원이 되는 것이다. 이것을 처리하기 위해서는 기름과 태우는 장치가 필요하다.

또 하나 염화비닐계 방수코팅재료는 커피 등 뜨거운 물에 담으면 아주 미량이기는 하나 염소화합물이 녹아 나오게 되어있으며, 이것이 인체에 들어가면 유기염소의 일종인 DDT나 BHC와 비슷한 피해를 입을 우려가 있다.

그래서 선진국에서는 이미 자동판매기에 유리컵을 넣어두고 끓는 물로 소독, 건조시킨 후, 유리컵에 담아 마시며 마신 후에는 다시 넣어두면서 사용하고 있다. 그렇다고 당장 우리 현실에 1회용 컵을 쓰지 못하게 하거나 만들지 못하게 할 수는 없을 것이다.

그러나 인체에 해를 미칠지도 모르며 자연을 훼손하고 있는 것을 번연히 알면서도 모르는 척 할 수 없는 것이 아닌가.

대량생산의 시대란 대량폐기의 시대로 통한다. 합리적인 자연평형을 유지하기 위해서는 1회용 종이컵의 문제가 공중도덕이나 환경정화운동의 하나로만 처리되어서는 오늘날 공리주의에 뒤로 밀려 날 것이 틀림없다.

소비자가 부작용을 자각하고 남용을 삼가도록 무분별한 소비자극은 멈추어져야 함은 당연하며 편리성에 쉽게 동조하지도 말아야 할 것이다. 행정적 조치와 운동이 전개됨은 우리의 건강은 물론 우리 스스로가 행한 자연환경의 파괴를 보상하는 지름길이 될 것이다.

1991. 8. 3. 대전매일

38 축하의 꽃다발

이제 많은 대학들이 졸업시험을 끝내고 사회에 첫발을 내딛는 지성인들을 배출하게 된다. 먼저 최고 학부를 졸업하게 되는 졸업생 여러분에게 축하의 꽃다발을 한아름 안겨드린다. 졸업식은 교수와 졸업생이 일정한 기간 동안 연륜을 같이하면서 쌓이고 쌓인 정을 석별하고 거센 세파에 제자를 내보내는 자리다. 일생동안 끊을 수 없는 인연이 새롭게 맺어지는 날이기도 하다. 이런 뜻 깊은 날 스승과 제자 사이에 따듯한 정이 오가는 것은 참으로 당연하다. 그런데 언제부터 생긴 일인지는 몰라도 식이 끝난 다음 흐트러진 식장을 바라보면서 보이지 않는 제자의 멀어져가는 영상만을 쫓게 된 교수는 서글퍼진다. 사라져가는 인정이 아쉽다.

졸업은 끝 아닌 시작

졸업생 여러분, 여러분은 오랜 역사와 전통을 가진 특색있는 대학에서 그 나름의 학풍에 젖어 인격형성을 이루었고 전문적 지식습득으로 생활인이 될 기초를 닦았으니 국가와 민족을 위해 일을 해야 할 동량이요 지도자인 셈이다. 그러니 졸업생 여러분에게 드리는 축하의 말은 어떠한 찬사로도 부족하다.

우리나라는 이제 개발도상국에서 선진국에 진입하려는 문턱에 와 있다. 지금이야 말로 선진국으로 향하는 가속장치가 필요하며 고도의 지식 또한 필요한 때이다. 대학의 졸업이 학업의 끝이 아니고 평생교육을 필요로 하는 근대사회에선 계속적인 학업이 진행되어야 하고 그로인해 쌓여진 지식은 상업주의와 결합하여 눈부신 기술교육을 이루어 낸다는 것을 잊어서는 안된다.

대학교육이란 사전을 찾는 방법 정도를 터득케 한다는 말이 있다. 대학에서 배운 전문지식은 지극히 좁은 것이고 그것은 새로운 문제해결의 능력에는 미치지 못할 수도 있다. 따라서 사회에 나가는 여러분에게는 새로운 문제가 끊임없이 발생할 것이며 그것을 해결해야 하기 때문에 계속적인 학업은 항상 필요하게 된다. 개성과 지성의 확립, 인생관의 확실한 수립 등은 대학생활에서 소중하게 배웠으며 이는 사회에서 생활하는 기초가 된다.

그러나 대학에서 배운 지식만으로 사회생활을 완전하게 하기는 어렵다. 지식은 문제해결의 방법이고 지식의 소화는 자기 자신의 전진을 가리킨다. 그러나 지식의 축적만으로는 정체를 초래하기 쉽다. 사회의 구성요소인 정신과 물질, 인간과 자연, 이성과 감정의 복합 속에 내가 善이기 위하여 남을 惡으로 몰고, 진화와 퇴화를 존재의 가치로 이원론적 이론 속에 하나의 가치를 절대화하기 위하여 다른 면은 부정하거나 덜 중요시하고 있다. 표지와 내용, 명분과 의도가 다르게 사용되고 결과를 위해서는 과정은 어떠해도 된다는 물질적 사고를 바탕으로 살아가는 많은 사람들 속에 여러분의 위치는 정해진다. 국제 사회는 정치·경제·외교 군사·문화면에서 이해관계에 얽히어 갈등이 분산화 되고 있으며, 강대국의 패권주의는 분쟁의 개연성을 높이고 있는데 우리는 파생하는 사회적 편견속에서 스스로를 암흑으로 끌고 가고 있는 실정이다. 새로운 문명의 전환이라는 시대적 요청을 폐쇄적인 사고로 받아들이지 말고 성숙된 인생관을 조화시켜 창의력을 최대한으로 발휘해야 한다. 아울러 역사적 배경속에서 자연과 사회적 요인을 집약하여, 희생과 봉사의 정신으로 사회에 진출하겠다는 의지속에서, 지식만으로는 투시할 수 없는 사회의 많은 것을 건설적으로 해결할 수 있도록 자신을 채찍질해야 할 것이다.

대학을 졸업하고 사회에 나가는 일, 그리고 사회에서 생활하는 일은 이 많은 일들을 해결해야 할 책임과 의무를 갖는 중요한 일이기 때문이다.

도덕성 상실 경계해야

우리사회의 물량적 발전과 분화에 따라 다양한 이해관계와 입장을 갖는 천차만별의 개인과 집단이 사회의 전면에 등장하여 도덕성을 상실한지 오래다. 역사의 껍질을 벗기는데도 도덕성의 갈망없이 죄 지은 자에게는 무조건 돌을 던지므로 결국 자기 자신을 던지는 일이 비일비재했다. 이해관계의 선동적 행동은 수동적, 복종적, 의존적 성격을 갖게 하였으며 즉각적 충족 욕구는 범죄의 증가를 가져왔고 서로의 실수를 용서하며 살아가는 미덕을 잃어가고 있다. 우리사회의 실체를 모른다고 변명할 수 없는 자명한 어두운 사실이 드러났음에도 자기의 책임은 통감하지 않고 자기 몫의 해결방법은 찾지 못하면서, 자신을 스스로 기만하기만 하는 세상살이에 나서는 여러분에게 과학적 진리와 가치관의 진리속에서 도덕적 윤리의식으로 헤쳐 나가길 바라는 마음 간절하다.

1995. 12. 5. 대전매일

39 가을 여백

여름의 동적 작업에서 정적 사색으로 이어지는 가을은 참으로 쾌적한 계절이다. 이 가을의 여백에 기대어 생각해 본다.

조용한 사색의 계절

가을의 휴일에는 다른 어느 계절보다도 많은 사람들이 교외로 나가는 것을 볼 수 있다. 일상에서의 단조로움이나 개성이 다른 사람들이 모여 사는 집단 속에서 적응하기 위하여 쌓이는 스트레스로부터 벗어나서 잠시나마 자연을 접하여 부드러운 마음과 편안한 자세로 조용한 사색의 시간을 갖고 싶은 심정에서 일 것이다. 그 시간속에서 진정한 삶에 대한 반주도 해보고 자연의 소리와 더불어 마음의 소리도 찾아내어 인간의 본연이 무엇인가 생각해 봄직도 하다. 이런 가을이 오면 자신과 주위를 다시 돌아보게 된다.

우리는 지금 어떤 마음으로 살고 있는가?

조상들은 사색적이고 예술감각이 훌륭했으며 무엇보다 윤리적이었다. 옳은 길이 아니면 가지 말라는 신조가 생활에 배여 있었다. 명예도, 권력도, 소중한 목숨까지도 옳지 않으면 초개같이 버렸던 선조들이 얼마나 많았던가. 어려운 사람, 약한 사람들을 위하여 민족과 나라를 위하여 일생을 바친 이들도 또 얼마나 많은가. 그런 선조들이 돌려준 이 땅에서 지금을 살고 있는 사람들은 어떠한가. 깊고 넓게 많이 사색하는 시간들을 갖지 않으므로 철학이 빈곤하고 도리를 잘 지키지 못하며 창의력도 빈약하다. 그 대신 내세우는데 강하다. 눈앞의 이익을, 명예를, 권력을 위하여 거침없이 행동하고 큰 소리로 자기주장만을 고집하는 외향적인 사람들이 많아져가고 또 그들이 대접받는 세상으로 변하고 있다. 목적을 위하여 온갖 비합법적, 비인간적, 반 사회적 방법과 수단이 동원된다. 그렇게 하여 일시적으로 원하는 바를 얻게 될지는 모르나 모든 것은 항상 바른 자세로 돌아오기 마련이다.

주나라 여왕 때 폭정이 계속되어 백성들의 불평, 불만이 높았다. 그럴수록 왕은 더욱 폭압적인 방법으로 백상들을 억누르게 되었고 마침내 사람들은 서로 말하기를 꺼려하며 부모, 형제, 이웃까지도 서로 편히 말하지 못하였다. 왕은 만족하여 신하 '소공'에게 '보라, 강압정책이 백성들을 조용히 만들지 않는가.' 이에 소공이 '왕이시여, 그것은 단지 입을 막을 뿐이고 실은 흐르는 물을 막는 것과 같아서 언젠가 둑이 터지는 때에는 막대한 피해를 입게 될 것입니다. 물은 흐름에 따라 흐르게 하여야 하며 입은 열어 자유롭게 말하게 하는 것이 다스림의 근본인가 합니다.' 하였다.

백성을 위한 정치는 무엇인가 하는 문제이겠지만 동시에 옳지 않은 방법이나 수단은 목적하는 것을 제대로 성취할 수 없을 뿐만 아니라 스스로 해치는 칼이 되어 돌아 올 수 있다는 것을 우리는 역사를 통하여 익히 알고 있다.

왜 이렇게 되었을까. 물론 골을 따라 흐르기도 하고 고이기도 하며 산을 두고 도시도 농촌도 있듯이 사람에게도 내면성과 외면성이 있다. 물이 고이기만하면 썩고 도시만 번창하면 환경이 불량해지는 것처럼 인간도 어느 한 가지 특히 외면적인 것에만 치우친다면 정신적 본체로서의 '나'도 잃게 되고 너와 내가 합하여 '우리' 됨도 잃어버리게 된다. 우리라는 공동체적 개념을 경시하고 이기심만 내세운다면 개인적 삶의 균형이 깨어져 참다운 삶을 영위하지 못하게 될 것이다.

외래문화에 물든 현실

고개를 돌려 보면 문화사회의 양상도 부끄러움이 많아지고 있다. 우리문화는 점점 사라져가고 남아있는 것들조차도 천대를 받고 있는 반면, 외국문화에 대한 사대사상이 번져나가고 그 종속의 헤어나지 못할 늪으로 빠져들고 있다. 압구정동의 로데오거리는 일본의 신주쿠나 긴자거리를 옮겨 놓은 듯하고 길거리에 즐비한 일본식 식당은 물론이고 패션상가, 헤어스타일, 만화, 비디오에 이르기까지 일본의 대중문화에 깊이 빠져있다. 전국 어느 곳이라도 번화한 상가의 간판들은 대부분 외국어인데 이 사실은 이제 처량한 이야기가 되어버렸다. 먹는 것은 패스트푸드, 입는 것은 패션, 사는 것은 서양식 주택이나 아파트로 의식주생활이 변해가고 있고 주위의 문화흐름도 외국풍 일색이다. 매스컴은 한층 더 요란하다.

신문, 라디오, TV등의 매체들이 다루는 분야는 거의 외국 것들이다. 미술, 연극, 영화, 음악, 역사 심지어 신간서적 소개에 이르기까지 외국 것이고 우리 것 국내문화의 비중은 낮은 편이며 특히 우리 고유의 문화에 대한 내용은 양념정도 끼어있는 실정이다. 어느 국악인의 출연료가 양악인, 유행가수의 10분의 1에도 훨씬 못 미친다는 하소연이 단적으로 나타나는 현실이 가슴 아플 뿐이다. 아름다운 것, 편리한 것, 발전적인 것들은 받아들여도 좋다. 새로운 기술이라든지 새로운 장르, 우리 심성을 따듯하게 하는 문화나 우리 것으로 자랄 수 있는 제도 등 긍정적인 부분도 많다. 이런 것들은 우리문화를 발전시키는 촉진제가 되기 때문이다. 그러나 무분별한 외래문화의 도입이나 확산은 부리가 길고 뾰족한 두루미가 넓은 접시에 담긴 국물을 맛있게 먹을 수 없는 것과 같고 아무리 외국적 치장을 했다 한들 갓 쓰고 자전거 타는 우스꽝스러운 모습일 따름이다.

우리 것이 아니므로 우리 눈에 설다. 외래문화라 하더라도 이민족문화의 풍토에 길들여지고 다듬어진 후에라야 진정한 우리문화로서의 맛이 살아나고 그렇지 못하면 외국의 그것일 뿐이다. 남쪽지방의 탐스런 귤이 북쪽지방에서는 탱자처럼 작아지고 쓸모없어지듯이 문화적 토양에 적응하지 못하는 외래문화 특히 대중문화는 민족정신을 흐리게 하고 국적 없는 민족이 되어 문화의 종속국으로 전락할 수도 있다. 강대국들이 후진국에 대한 문화적 수출에 힘을 쏟고 있음이 이를 입증한다.

아름다운 사회 가꿔야

지난 여름의 그 찌는 더위와 피해가 컸던 장마의 상처위에도 여전히 가을은 와 있다. 이 가을엔 모두 깊이 생각하자. 사색을 통하여 이론이 나오고 사상이 구축된다. 이 사회에서 질 높은 삶을 갖기 위한 길은 무엇인가. 행여 선조를 경시하는 불공을 행하며 뿌리를 부정하고 있지는 않은가, 참으로 지금 하는 일이 모두에게 꼭 필요한 일이며 그것은 모두가 바라는 옳은 방법으로 실행되고 있는가, 이 해답에서 가치 있는 길을 찾을 수 있을 것이다.

또 생각해보자. 민족과 국가를 생각하는가. 남의 문화를 빌어 민족과 국가를 비하시키고 있는 것은 아닌가. 나만은 남과 다르다는 공허한 오만을 갖고 있지 않은가. 이런 반성에서 우리사회의 건전한 발전의 기틀이 다져질 것이다. 그래서 보아주지 않아도 산자락에서 빛깔 좋은 열매를 맺는 감나무 같은, 익어 고개 숙인 벼가 나란한 들판 같은 아름다운 사회를 만들어 가야겠다.

1992. 10. 19. 대전매일

40 우리는 누구인가

이제는 세월이 바람이 되어 다시 돌아오고 있다. 은연중 우리들의 마음은 황폐해지기 시작하였다. 소금이 짠 맛을 잃으면 소금이 아니듯 자신의 수양을 제일로하여 참되게 살아가야하는 세상살이의 지혜들이 세상의 부패를 막는 제 기능을 다시 못하고 있다.

부패한 지도자의 말년

일반적으로 개발도상국의 지도자들이 재산을 엄청나게 축적하여 대개는 망명을 하여 여생을 쓸쓸히 지내다가 생을 마치곤 했다. 필리핀의 마르코스 전 대통령이 그랬고, 알프래도 파라과이 전 대통령이 그랬다. 아이티의 뒤발리에 2세가 그랬으며, 46년간이나 니카라과를 지배했던 소모사는 축재한 돈을 다 써보지도 못한 채 암살당했으며 최근엔 베네수엘라의 카를로스페레스 전 대통령이 징역 10년을 구형받고 가택연금 상태에 있다.

모노 교수는 현대인의 최대 비극은 핵의 가공할 위협이나 인구의 폭발 그리고 환경오염으로 인한 심각성에 있는 것이 아니고, 현대인이 앓고 있는 영혼의 질병에서 찾아야 한다고 했다. 현대인의 질병은 도덕적 사회적 근원을 침식하고 있는 허위에서 발생한다고 제시하면서 모든 이론과 행동은 정통적인 이치를 따져야 한다고 했다.

의롭지 못한 관행과 제도속에서 의로운 문화를 창출해 낼 수 없듯이, 돈이나 권세욕에 끌려다니느라 충혈 된 눈은 밝은 하늘을 쳐다볼 수 없고, 우리 고유의 가치관과 문화의 뿌리를 볼 수 없으며, 기존제도나 가치에 대한 객관적 평가를 할 수 없으므로 인간으로서의 자기본질을 아는 것조차 잃어버리게 된다. 지금 우리는 사람답게 사느냐, 그렇지 않으면 동물처럼 본능적으로 사느냐 하는 것을 생각할 때다. 적어도 동물적 욕구를 넘어선 가치기준을 인정하고 그것을 옳게 실천해야 할 때다. 사회적 악순환을 거듭하게 한다는 사실 앞에 머리 숙여야 한다.

이런 모든 현상은 역사성의 부족과 자기를 진실로 대하지 않는 사랑의 결핍에서 오는 결과다. 역사는 지나간 시간 속에 존재하므로 우리가 어떻게 생각하든 그대로 그 자리에 있기 마련이다. 진정한 역사의식은 과거를 단순히 미화하거나 맹목적으로 숭상하는 것이 아니라 있는 그대로를 공개하고 진실을 추구하려는 정신이다. 불쾌한 일이거나 자랑스런 일이거나 이런 것들을 확실히 기억하고 거울삼아 미래를 건설하고, 지난날의 고통을 딛고 나가는 용기를 주는 것이며, 사라진 영광을 소중히 간직하는 교훈이다. 칼베거는 "모든 사람은 제각기 나름대로의 역사가다"란 말을 하였다. 사람은 누구나 일상적 과거를 가지며 일어나는 일에 대한 기록이 역사가들과 같다고 보았다.

그러기에 누구도 사료의 정확한 근거없이 진실의 객관적 파악도 하지 않은채 황당무계한 결론을 역사로부터 끄집어내서는 안된다고 하였다. 세대와 세대사이의 공감대와 사회를 하나로 맺게하는 접착제가 역사고, 역사는 상식과 이성 속에서 존재하기 마련이다. 벤저민 디즈레일리는 "지금 우리가 지켜야 하는 것은 영국이라는 나라가 아니라 국민들이 믿고 있는 상식이다"라고 하였다. 호수의 물결처럼 조용히, 그러면서 진취적이며 적극적인 자세가 상식선에서 필요한 이때 인기를 의식한 한탕식 발언과 현실의 어려움을 알면서도 터무니없는 무책임한 발언으로 공공이익이나 국가의 원칙을 무시한 행위는 역사의식에 반하는 것이므로 추방되어야 한다.

진정한 역사의식 가져야

역사의식이 부족한 사람이 희생을 전제로 하는 사랑을 알 리가 없다. 내가 아닌 상대를 위해서 기쁘게 하며, 주고 또 주되 주고난 후 잊어버리는 사랑, 우리는 이제 그런 사랑을 필요로 한다. 사랑은 사실 감정이 아니고 의지것이다. 권위주의 정치체제 아래서 싹튼 권력의 부패는 물질만능과 향락지향의 오도된 가치관이 자라게 했고, 금력과 권력만 있으면 안 되는 것이 없다는 그릇된 풍조를 생겨나게 했으며, 나만을 생각하고 우리라는 공동체를 소홀히 하는 이기성이 팽배해져 품위있는 사회속에서 상식적으로 살아가기를 바라는 많은 사람들을 식상하게 하고 있다. 공자의 말대로 눈에 금가루가 들어가서 눈병이 생겨 세상을 못 보게 되었나보다.

집단적 이기심도 문제

또 한편으로는 개인의 잘못된 판단보다 더 심각한 사회병리로 나타난 현상은 집단적 이기로, 집단적 권위를 위해서는 어떠한 무식 어떠한 불법도 마다하지 않는 의식이 지식인 속에서 공공연히 일어나고 있는 것이다. 지식인도 대중적 집단화하면 의식이 마비되고 판단력 격하가 일어나 공공심을 버려야 될 것이다. 불행하게도 사랑을 잃어버려 희망과 미래를 잃어버렸고 준엄한 역사의 심판도 생각하지 못하게 되었으며 자기를 희생하는 마음이 무너지게 되었다. 해결이 어려운 문제에 뛰어들고, 남의 약점과 실수를 참아주며, 남의 행복을 자기의 행복으로 알고, 자신의 성장 발전을 나 아닌 다른 곳에 사용하며, 희생을 무릅 쓰고 남을 도우려는 지고의 고통 받는 사랑의 상식이 상실되므로 자신의 이익만을 추구하게 된 우리. 자기의 특정기준에 순응하여 행동하게 되고 상대의 입장은 이해하지 않고 새로운 이론을 받아들이지 않으며 자기의 아집만을 고집하면서 흑백논리를 주장하게 된 우리. 결국에는 나를 잊어버리고 내가 속해 있는 우리를 잊게 되었다.

우리는 누구인가

천하언재(天何言哉). 하늘이 무슨 말을 할까

하늘도 말없는 죽음과 삶 둘뿐이거늘.

1995. 11. 16. 대전매일

3

와우각상쟁 蝸牛角上爭

41 인간의 존엄성

생명의 기원에 대하여는 19세기 중엽까지 신의 섭리 또는 어떤 자연의 섭리로 생긴다는 자연발생설이 지배적이었다. 즉 성경의 기원이(아담과 이브) 지배적이었다. 고대 희랍의 철인 아리스토텔레스가 계란을 깨고 태아의 발육을 연구하기 시작할 때까지는 생의 기원에 관하여 아무것도 모르고 있었으며 아리스토텔레스도 그렇게 믿고 있었다. 그것이 1653년 영국의 유명한 외과의사 하베이가 닭은 계란이 없이는 전혀 생길 수 없으며, 계란은 암탉이 없이는 생길 수 없고 또 수탉이 없이는 완전한 계란이 될 수 없다고 하였다. 약 3백년전 현미경이 발명되어 수컷의 정자와 암컷의 난자가 발견되고 그 후 연구가 거듭되어 현재는 시험관에서 인공수정으로 만들기에 이르렀다.

이런 태아는 정상적인 상태에선 약 5억마리 정도의 정자 중 단 1마리가 난자와 접합되어 이루어지며 이는 1:499,999,999의 경쟁에서 이긴 결과이다.

생명의 출생이란 희망을 안겨주고 새로운 세계를 창조한다는 희망을 가리킨다. 그러니까 출생 이전에 접합이 이루어지는 순간부터 청신하고 희망적인 사고력 밑에서 출생을 기다려야 한다.

그러한 부모를 가진 어린이가 세상에 태어나서 절대로 불량해질 수 없다. 어머니 뱃속에서 자랄 때도 항상 태아를 생각하며 희망적인 생각을 하여야 할 것이며 출생 후도 역시 마찬가지로 열과 성을 가지고 길러야한다.

그러나 여기에서 문제로 제기되는 어버이로부터 받는 유전적 형질이 불량성(범죄성이나 방탕성)일 때 이는 태아도 불량성의 유전적 형질을 갖게 되어 정상적인 태아보다 불량성을 나타낼 확률이 높다. 다시 말하여 부모가 범죄자일 경우 태어난 자식도 범죄자가 될 가능성이 정상적인 부모에서 태어난 자식보다 많다는 이야기가 된다.

롬·보로조는 출생시 골격의 형태에 따라 범죄자가 될 수밖에 없다는 생래범인설을 주장했다. 즉 광대뼈가 불쑥 튀어나온 자는 방화범이 되고 귀모양이 서로 다른 자는 강간범이 되며 주걱턱을 가진 자는 살인범이 된다고 하였다.

듀크나 스탄의 인류유전학에 의하면 방탕성은 유전되며 정상보다 우선이라고 한다. 그러면 불량한 청소년이 어버이로부터 받은 유전적 불량성이나 방탕성에 의해서 그렇게 되며 또 생긴 형태 때문에 범죄자가 꼭 되는 것일까? 여기서 강조되고 알아야 할 것은 유전적 형질은 환경에 따라서 나타나지 않거나 변할 수 있다는 것이다.

다시 말해서, 롬·보로조의 생래범인설이나 듀크나 스탄의 이론은 환경에 의해서 바뀔 수 있으며 정상적인 청소년도 주위 환경에 따라서 불량성을 가질 수 있다는 것이다.

환경에는 여러 가지 요인이 있다. 그러나 현세대의 가장 큰 환경으로 주목

되는 것은 사회의 복잡성이다. 그 중 빼놓을 수 없는 것은 매스컴의 선의의 악영향이다.

얼마전 일어난 어린이 살해사건 강도 뺑소니 운전사등을 보도한 신문방송들은 시간의 신속, 정확한 전달에만 그쳤지 그것이 청소년들에게 어떻게 받아들여질는지 생각해 보았는가?

어른들의 잔혹성, 인권에 대한 존엄성을 무시하고 인간성마저 말살해버린 어른들의 처사를 매스컴을 통해 본 청소년들의 감정을 생각해 본 일이 있는가 말이다. 그렇다고 사회의 부조리나 매스컴의 잘못을 책하자는 것은 아니다.

유전적으로 불량성을 받은 자건 안 받은 자건 모두 정상적인 사회인이 되도록 하기 위한 노력이 필요한 것이고 보면 청소년들에게 생명의 존엄성을 인식시켜야 할 것이다. 어린이도 인격자라는 점을 우리는 주지하고 인간을 수단으로 하여 금전만능의 풍조속에서 사랑과 교육이 결핍되어 있는 그들에게 사회의 모순된 뒷면보다는 밝고 희망있는 내일을 가르치고 생명은 새로운 세계를 창조한다는 희망을 불어넣어야 할 것이다.

범죄자의 구성요건 중 유전적 면을 인정하지 않는다면 교육의 부족과 사회의 조직체제 사이에서도 찾을 수 있다. 사회로부터 정당성을 찾지 못하고 너무 이질적인 면을 보며 어른들의 부패된 사고력이 어릴때부터 몸에 배여 습관화 되어왔다면 이 책임은 누구에게 있는 것일까? 무엇보다도 중요한 것은 오늘의 생활을 반성하는 어른들의 자세가 중요하다고 느낀다면 현 사회의 범죄자나 불량배를 만든 책임 또한 마땅히 느껴야 할 것이다.

충청일보 1974. 11. 28

42 愚人우인의 지혜

척수동물의 유두아문중사지동물상망(有頭亞門中四肢動物上綱)의 양서 망중무미목(綱中無尾目)에 속하는 흉물스런 동물 두꺼비. 이 두꺼비의 보통 때의 생활은 습한 지역에서 사는데 산란기에는 못과 개천으로 가서 산란을 한다.

이런 두꺼비에게 옛사람들이 전하는 이야기가 있다. 물론 웃고 말아야하는 비과학적인 이야기다. 두꺼비가 새끼를 배었을 때 새끼를 낳기 위하여 뱀을 찾아 간다고 한다. 그러나 두꺼비의 독과 뱀의 독은 서로의 극이어서 뱀과 두꺼비는 평소엔 견제하고 되도록 상대를 하지 않지만 일단 임신을 하면 두꺼비는 뱀과의 옛 관계를 저버리고 뱀을 찾아가서 살살 뱀의 신경을 돋구어 뱀으로 하여금 화를 내도록 한다. 그러나 뱀은 두꺼비와의 옛 관계를 생각하고 의리를 내세우는 듯 성질을 죽여 피한다. 두꺼비는 다시 뱀을 쫓아다니며 성질을 돋군다. 이쯤되면 하나님의 저주를 받아 근신하고 있는 뱀이지만 참지 못하고 그냥 꿀꺽하고 삼켜버린다. 이때 두꺼비는 뱀에게 잡아먹히는 순간 지독한 연기(이것을 사람 눈에 쏘이게 되면 눈이 멀게됨)를 뱀에게 내뿜어 뱀은 두꺼비를 뱃속에 넣은 채 죽게 되며 두꺼비는 뱀의 뱃속에서 죽게 된다. 이때 어미 뱃속에 들어있던 두꺼비의 새끼들은 어미배를 헤치고 나와 뱀을 조금씩 갉아먹으면서 성장을 계속한다.

자기 몸을 희생하여 자식을 출생시키는 그 고귀한 정신은 본받을만 하지만 하나님으로부터 근신 해제를 기다리며 자숙하고 있는 뱀을 해하면서 자손의 증식을 꾀하는 두꺼비의 괴팍한 생리는 알고도 모르겠다. 조물주의 섭리로 이루어진 세상인지라 이것도 어떤 의미가 있음직하다. 유전학에서 이야기되는 사연도 태설에다 붙일 수 있을까? 그러니까 두꺼비와 뱀은 서로 천적이 되는 셈인가보다.

자연도태 이야기가 나왔으니 한마디 부언하면 송어는 한번 알을 낳는데 수십만개를 낳는다. 그러니 이 수십만개의 알은 다 부화되지 않고 다른 물고기에 의해 전부 잡아먹히고 오직 두 개의 알만이 부회 된다. 만약 수십만개의 알이 부화되어 송어가 된다면 이 세상 물속에는 전부 송어 천지가 될 텐데 그렇치 못한 이유가 곧 자연도태 때문이다.

각설하고 이번 여름방학에는 모든 일을 잊어버리고 다만 자기를 죽여가면서 후손을 출생시키는 두꺼비의 희생정신과 두꺼비의 후손을 위해 자기 몸을 재물로 사용하는 뱀의 이웃에 대한 사랑만을 마음속에 심어야겠다.

매년 여름방학이면 실천하는 조그만 나의 충성(?)인 농어촌 봉사활동을 이번에도 빼놓을 수는 없다. 아직 새마을 사업을 이루지 못한 고장을 찾아 육체적으로 정신적으로 봉사하는 마음을 일깨워줌으로 교육자로서의 조그마한 보람을 찾으려는 나의 노력인 것이다.

다시 말하면 어미 두꺼비의 자식에 대한 희생(?)과 뱀의 이웃에 대한 사랑(?)을 (예수와 석가의 사상을 믹서한듯한) 직접 몸소 행하므로 사회와 국가로부터 받은 은혜에 조금이라도 보답코자하는 내가 어리석은 짓을 하는 것일까?

남들처럼 해수욕장으로 산으로 다니며 자연과 더불어 벗하는, 또 시원한 에어컨이 돌아가는 다방에서 인생철학을 논하는 그들과 비교해 확실히 어리석다고 느낄 때도 있는 내 마음을 달래면서 마음 한구석에 석연치 못한 두꺼비와 뱀의 행동을 풀어보아야겠다. 교회와 사찰은 자꾸만 늘고 종교의 수도 엄청나게 많아 신앙을 가진 사람의 수는 증가하는데 여기에 정비례하여 범죄의 수가 증가하는 비정상적인 사회의 뒷면도 생각하면서 몇 년내 내 마음속에 몰래 애태우던 내가 꼭 안경을 쓰고 다녀야 하는가? 하는 점도 이번 여름방학 동안에 꼭 풀어보련다.

태양을 기다리는 벌거벗은 검둥이의
어두운 미아에 작열하는 섬광
때로는 불살라 버릴 목숨이지만
가느다란 선율을 따라 다소곳이 옷깃을 여미고
내일의 더 많은 대화를 위해
불나방이 되어갈 나그네의
조각난 파도속의 발자국.

아차! 깜빡 잊을뻔 했군, '김선생 옷 좀 다려입으쇼'하고 충고해 주신 뚱형님의 말씀도 잊지 않고 또 머리 깎는 일도 열심히 해야지.

1974. 7. 5. 대전실대학보

43 동물의 生殖생식

동물의 생식이란 후손 유지를 위한 수의 증식을 목적으로 행하여지는 방법이다. 그러나 신은 세상 모든 동물에게 일정한 수단과 방법으로 후손을 유지하도록 하지 않고 각기 다른 방법으로 생식을 하도록 하였다. 그 중 우리 주변에서 흔히 볼 수 없는 코끼리와 곰, 여우의 생식에 관해서 이야기 하고자 한다.

1. 코끼리

코끼리는 100살을 산다고 하나 性성숙이 늦어져 생후 20년이 지나야 이루어지며 또 2~3년에 한번 교미한 후 임신기간이 630일로 대단히 길고 새끼는 겨우 1마리이므로 결국 일생동안 5~6마리를 낳을 뿐이다.

이렇게 생산부진으로 이 세상의 코끼리 수는 날로 줄어들고 있다. 암코끼리는 발정기에 이르면 쉴새없이 눈물을 흘린다. 이 눈물 속에는 신비로움이

감추어져 있는데 이는 이마에서 끈끈하고 아주 향기로운 냄새를 풍기는 액체를 쉴새없이 뿜어냄으로 마치 눈물이 양 볼로 흘러내리는 것 같이 보인다. 숫코끼리도 이와같은 분비선이 바로 눈 아래에 있어 이것도 발정기에는 눈물을 흘리는 것 같이 보인다.

코끼리는 암수 피차 이 향기를 맡고 성적으로 흥분하며 암코끼리는 자기 몸이 들어갈만한 적당한 장소를 찾아서 그곳에 움츠리고 있게 된다. 이때 숫코끼리가 위로 올라가 30초 정도의 짧은 시간에 의식을 거행한다.

일방적으로 모든 동물의 수놈은 페니스가 몸 밖으로 나와 있어 수놈을 상징하나 코끼리는 나와 있지 않다(고래도 동일함). 큰 몸집만 갖고도 위용을 나타낼 수가 있는데 시시하게 그런 것 가지고 뽐낼 필요가 없다는 뜻일 것이다.

2. 곰

성질이 광폭하기만 한 곰도 발정기에는 아주 순하여져서 교미 직전엔 암수가 서로 씨름 비슷한 장난을 하는데 이것이 의식을 거행하기 전의 포옹같은 것이다.

곰은 자유의사에 의한 연애결혼을 하게 되는데 거의가 1부1처제이나 가끔 수놈이 두 마리가 되면 싸우지 않고 사이좋게 암놈에게 번갈아 봉사하여 임신시키고 일곱달만에 출산한다.

암놈이 임신하게 되면 수놈은 암놈에게 무참히 짓밟혀 쫓겨나게 되며 어쩌다 옛정이 그리워 찾아간 수놈에게 할퀴고 물어뜯고하여 비참한 상태를 만들어 쫓아버린다. 특이한 것은 곰의 페니스에는 뼈가 들어있으며 뼈 속으로 구멍이 뚫려있어 이것으로 파이프를 만들면 향기가 있고 담배맛이 좋고 슬그머니 취하게하는 마력을 지니고 있어 중국에서는 귀한 것으로 여기고 있다.

3. 여우

여우는 단발정 동물로 12월~3월 사이에 년중 단 한번 발정하며 발정기간은 12~14일이고 임신기간은 49~55일이다.

발정한 암놈의 냄새로 수놈이 찾아가게 되는데 이때 수놈이 한 마리면 무사히 결합이 이루어지지만 여러 마리의 수놈이 모이게 되면 생사를 건 무서운 결투를 벌리어 승자만이 암컷과 의식을 15~25분간에 걸쳐서 거행하게 된다. 수놈이 결투를 벌이는 동안 암놈은 어느 편도 들지 않고 구경만 한다. 그러나 다행인 것은 일부일처제를 철저히 지키며(늑대, 족제비도 동일) 금실도 좋고 임신 기간 중 수놈은 암놈에게 먹이를 구해다 주고 가정을 지켜 외적의 침범을 방지해주며 단 한번의 외도없이 신사의 행동을 하고 새끼가 태어나면 철저한 교육(수렵)도 시킨다.

지금부터 약 2000년전 아리스토텔레스가 숫여우의 페니스를 발견하여 바쿠룸(Baculum)이라 하였는데 이는 라틴어로 지팡이라는 뜻으로 지팡이처럼 딱딱하고 굳건하다는 의미가 내포되어 있다고 한다.

이상에서 보는 바와 같이 각 동물의 생식현상이 다르기는 하나 굳이 부언한다면 생식은 신이 생물에게 부여한 최대한의 특혜이며 그래서 존중되어야 한다. 우리는 그 생식이 청신한 행위임을 알아야 한다.

1974. 11. 30. 대전실전학보

44 여름에 쓰는 수필

여자의 마음은 갈대와 같다. 셰익스피어가 말했다.

인간은 생각하는 갈대다. 파스칼이 말했던가?

불쾌지수를 따지고 식도락을 보신탕이라는 이름으로 미화시킨 소위 개장국을 곧잘 생각해내는 무더운 여름이면 갈대와 같이 잘 변하는 것이 여자뿐이 아니라 남자 역시 마찬가지다. 계절과 인생관에 관해서 함수관계를 운운하는 사람은 없었지만, 아무래도 春秋冬의 세 계절보다 夏節에 사람의 마음은 음식처럼 잘 변하는가 보다. 자세한 통계를 내보지 않아서 미확인 발표가 되겠지만, 약속 시간도 여름에 잘 안 지켜지는 듯하다.

요는 만사가 귀찮아지는 계절이 아닌가!

머리까지도 멍청해져서 사색하는 동물이긴 커녕 기억의 – 즉, 과거에 사색했던 것을 반추해내는 일종의 과거적(?) 사색의 찌꺼기 – 행위마저도 감당하기 힘들 정도다. 에어컨 장치가 안 되어 있는 서민들이야 밤늦도록 더위와 모기와 싸워가며 있자니 그저 한담과 황당무계한 얘기로 수면 시간을 깎아먹는게 일쑤다.

이렇게 모여앉아 나누는 대화일수록 사색을 필요로 하지 않는 경량급의 것이 보통이다. 라디오 드라마 특집처럼 납량물이거나 세계 토픽같은 엽편(葉篇)의 일화가 대부분이다. 가끔은 몸에 달라붙는 모기에게 손바닥의 타격을 가해 살생의 재미(?)를 느끼며 나누는 대화가 어째 인생과 진실을 음미하는 내용이 될 수 있을까 보냐!

무게감이 있는 사색을 필요로 하는 얘기는 어쩐지 더위에 부채질 한다.

사람의 마음과 혀는 원래 간사스런 2대 핵심이지만, 냉장고가 없어 곧잘 시어빠져서는 서민들의 음식처럼, 여름 무더위를 겪는 사람의 마음도 하루만 지나면 꼭 발효될 것 같은 가변성을 가지고 있는 것이나 아닌지.

옛날에는 태양이 둘 있었다는데 서쪽의 태양을 활로 쏘아 떨어뜨린 위인 영웅이 없었던 들 인간은 늘 여름을 사계절이 없이 겪고 있을테니, 그쯤되면 오늘날과 같은 위대한 문명을 낳을 수 있었을까 의문이 간다. 아마 회사의 샐러리맨들은 매일같이 하기휴가나 보너스를 은근히 바라고 있을 터이고 출판업자들은 등화가친의 계절이 없으니 매상고가 안 오른다고 울상을 할 것이다. 다행히 여름이 하나만 있게 되었으니 한숨 돌리지만 사시사철 뜨거운 여름의 영토를 가진 나라들은 과연 어떻게들 피서하는지?

따지고 보면 그러한 나라 민족들은 신통한 문화를 내놓지 못 한것 같다. 역시 사계절의 나라 민족이 훌륭한 지혜의 산물을 선보인 듯싶다.

멍청한 여름의 계절은 멍청히 보내더라도 다음에 올 사색의 계절을 대기하며 좀 덜 멍청한 준비를 하여야 하지 않겠는가! 가을이 오면 차분한 인생관으로 바뀌리라. 여름이 한창이니 가을도 멀지는 않으렷다.

1973. 11. 30. 대전실전학보

45 사랑하는 마음

우렁이는 연체동물의 복족강에 속하며 머리 부분이 발달해 있고 발이 널찍하며 육질이어서 기어다니기 편하도록 되어 있다. 이 우렁이가 대를 이어가는 데는 우리의 일반상식을 약간 벗어나 알을 낳아 밖으로 배출하지 않고 암놈 몸 안에서 수놈과 수정하여 새끼를 발육시킨다. 알이 새끼로 변하여 어느정도 성숙하면 어미는 새끼를 낳게 되는데 이때 어미는 새끼에게 모든 영양을 공급하고 죽게 된다.

후손을 위하여 자신의 생명을 버리는 숭고한 우렁이와 같은 생리는 가끔 우리 인간사회에서도 볼 수 있다. 물에 빠진 자식을 구하고 죽어간 어머니의 숭고한 정, 죽어가는 아들을 살리기 위해 손가락을 깨물어 피를 먹였다는 아버지의 높은 사랑 이야기 등은 우리들의 심금을 얼마나 울렸던가? 자신을 희생하여 자식을 구할 수 있는 사랑하는 마음을 갖지 않은 부모가 있을까? 그러나 남을 위하여 자기의 희생을 기꺼이 하겠다는 사고력은 시들고 있는 것이 아닌지 모르겠다. 성경에 '네 이웃을 사랑하라'고 한 것을 보면 지금부터 오래전에도 이웃의 불행을 외면하는 사례가 많았던 모양이다.

주역에 '선을 쌓는 집안엔 반드시 후손에 경사가 있을 것이고 불선을 하는 집안에는 반드시 재앙이 있을 것이다'라고 하였다. 내 후손의 영광을 위하여 선을 하자는 이야기는 아니다. 지금 한창 벌어지고 있는 새마을 운동 중의 하나도 바로 불행한 내 이웃을 그냥 보아 넘기지 말자는 것이 아닐까? 논어의 학이편에 자공이 공자에게 묻기를 '가난하되 아첨하지 않고 부자가 되어도 교만하지 않으면 어떻습니까?'하고 물었더니 공자는 대답하기를 '가난하되 도를 즐기며 부자가 되어도 예를 좋아함만 못하니라'라고 답하였다.

다른 것은 두고라도 부자란 재력의 여유를 의미한다면(지력까지 포함하여) 예를 위하여 쓰러짐은 당연하다는 이야기다. 여기서 예란 문화적 요소를 가리키며 창조적 의미를 내포한다. 후손을 위함도 아니오 명성을 얻음도 아닌 인간미 있는 순수한 이웃의 사랑이란 정말 숭고하고 참신한 것이다. 동물적이며 맹목적인 사랑이 아니고 예를 중시하고 창조적 의미를 가진 사랑을 우리 이웃에 나누어 줄 수는 없는 것일까.

1978. 5. 19. 대전일보

46 충남 토박이 한우, 토바우의 힘

농업은 미래의 생명산업이다. 우리나라 농업에서 축산업 생산액은 쌀을 앞선 지 오래다. 그래서인지 한미 FTA로 인한 축산업의 피해는 상상을 초월한다. 수입산 쇠고기는 국내산 돼지고기 값으로 수입되고 있고 수입 돼지고기 값은 국내산 돼지고기 값의 반으로 들어오고 있다.

한편 옥수수 등 곡물사료, 축산기자제, 동물약품 가격이 폭등하고 인력 수급의 어려움까지 겹치고 있으며, 축사시설과 분뇨처리가 혐오시설로 여겨져 각종 민원이 제기되어 축산농가가 이중 삼중의 시름에 젖어있다. 축산업을 그만두려 해도 양도세 때문에 땅을 팔지도 못하고 시설에 투자된 빚을 청산하기 전에는 자진 폐업도 사실상 어려운 실정이다.

휴가철과 명절에는 쇠고기 돼지고기 소비가 늘어 가격이 오른다. 그러나 금년에는 가격이 떨어지고 있다. 미국산 쇠고기 때문이다. 9월 한국은행에 따르면 7월 생산자 물가는 전달보다 0.2% 상승했는데 이는 공산품 서비스 생산물가와 국제 유가상승 여파로 6개월째 오른 것이다. 이에 반해 축산물의 물가는 3.1% 하락했다. 행락지에서 소비가 많은 닭고기는 11.7%나 가격이 올랐지만 쇠고기 돼지고기 값이 하락하면서 축산물 가격이 내림세를 보인 것이다. 4월 26일 첫 선을 보인 미국산 쇠고기가 7월부터 시장에 본격적으로 공급되면서 한우가격은 하락을 가져와 전달에 비해 1.2% 떨어졌다. 쇠고기 가격의 하락은 돼지고기에도 타격을 주어 11.7%의 하락을 가져왔다.

지금까지 수입된 미국산 쇠고기는 4650톤으로 월 쇠고기 소비량(2만 7000t)의 16%에 불과한데도 쇠고기 값에 지대한 영향을 미쳤는데 앞으로 미국산 갈비가 수입되어 시중에 판매되면 국내 쇠고기 값은 더 떨어질 것으로 예측된다. 이런 어려움 속에서 충남의 한우광역브랜드인 토바우가 전국 최초의 품질인 한우 명품 브랜드로 성장하고 있으며, 시장 경쟁력을 확보하고 있다. 올해 상반기 농협 서울 축산물 공판장에 출하된 토바우는 1785두 인데 이 중 1등급 이상 출현율이 82%로 전체 공판장 1등급 출현율 73.2% 보다 8.8%가 높게 나타났다.

이것은 그동안 토바우생산을 위해 생산이력 전산시스템을 도입하여 한우의 이력을 한눈에 볼 수 있도록 하고, 육질 개선을 위한 꾸준한 노력으로 사양관리 표준화와 TMF 토바우 전용사료 개발 등에 기여한 결과라 할 수 있다. 사육에서부터 도축 가동 판매 등 모든 단계에 고객의 신뢰 구축을 위해 생산자 실명제를 도입, 다른 쇠고기와 차별성을 부각시킨 것도 큰 몫을 했을 것이다. 토바우의 차별화로 인한 명품화는 국내산뿐만 아니라 외국산 쇠고기에도 해당된다. 가격은 수입산보다 비싸지만 품질이 월등하며, 안전한 쇠고기를 구입하겠다는 소비자의 심리를 충족시키기 위해 신뢰성을 지속적으로 유지한 결과이다.

이런 토바우 생산과 축산물 차별화를 위한 노력에 축산인의 어깨를 짓누르는 문제들이 있다. 국립농산물 품질관리원이 쇠고기 원산지를 속여 팔아온 업체를 대거 적발했다. 한우 가격이 3분의 1에 불과한 미국산 쇠고기에 대한 원산지 표지 강화는 한층 더 강화되어야 한다. 특히 단속의 손길이 어려운 영업장 면적 300㎡ 이하의 음식점에 대해서도 원산지 표시를 확대 실시하여 실효성을 높여야 한다. 차별화 된 경쟁력을 가지고 생산되고 있는 토바우 브랜드가 미국산 쇠고기로 오해받을 소지를 차단해야 한다.

원산지 표시 강화와 유통질서 확립은 FTA로 인하여 어려움을 겪는 우리 축산농가에 조금이나마 힘이 될 것이다. 어려움을 극복하려는 마음가짐과 과학을 통한 새로운 기술개발, 그리고 이를 적극 실천하려는 장인정신이 만들어 낸 명품 토바우를 지키기 위해 노력해야 한다. 하늘은 스스로 돕는 자를 돕는다고 했다.

2008. 10. 중도일보

47 흙과 삶

잘살기를 원하지 않는 사람은 하나도 없다. 그러나 잘 산다는 것이 돈이 많아 호화스럽게 산다는 뜻이 아닐게다.

물질적 조건이 행복에 도움을 주지 않는 것은 아니지만 그렇다고 반드시 행복한 생활을 보장하지는 않는다.

부자이면서도 불행한 사람이 있고 남만큼 갖지 못했으면서도 행복한 생활을 하는 사람이 있다.

물질 만능 시대이고 보니 물질적 행복의 척도가 되기 쉬우나 행복이란 삶의 보람에서 찾아야 할 것이다. '빈손으로 왔다가 빈손으로 가는 인생' 또는 '흙에서 왔다가 흙으로 가는 인생'이고 보면 목적과 수단을 혼동하면서, 양심까지 속여가며 치부할 필요는 없는 것이 아닌가.

얼마 전 미국 캘리포니아주 국립항공우주국(NASA)의 아메스 센터에서 열린 심포지움에 참석했던 많은 과학자들이 생명은 흙에서 부터라고 주장하였다.

지금부터 40억년전 흙은 무기물질을 복잡한 구조로 변화시켜 화학적 변화를 일으킴으로써 최초의 생명체를 탄생시켰다는 것인데 이는 흙이 에너지를 보존하고 전달하는 특성을 가지고 있는데 기인한 것 같다.

성경의 창세기에는 태초에 하나님이 아담을 흙으로 빚어 만들었다고 하였고 동양사상 중에는 흙에서 태어나 흙으로 가는 인생이라는게 있다.

진흙 속에서 곤충이 생겨났다는 아리스토텔레스의 자연발생설이 생명의 기원으로 설명된 적도 있었으나 파스퇴르의 실험에 의해 자연발생설은 무너지고 오파린의 무기적 환경속에서 화학에너지에 의해 저분자 화합물이 생기고 그것의 발달에 의해 마침내 세포물질을 합성하는 생물이 생겼다는 견해가 현재의 지배적 이론이다.

또 오파린은 생물해양설을 발표했는데 원형질은 바닷물 같은 액체가 들어있는 반액체로 되어있고 고등동물도 몸의 대부분이 물로 이루어져 있어 생물체들이 오랜 옛날의 고향인 바다에 표지를 간직하고 있다고 하였다.

생명의 탄생에 대하여는 아직도 많은 이론이 있지만 그러나 미국의 학자들은 생명의 흙으로부터 생성되었다는 주장 또는 근거가 확실하고 보면 흙은 인간에게 무한한 신비성을 남겨주고 있다.

인간이란 결국 흙에서 태어나 흙으로 돌아가는 존재일 수밖에 없다는 이 평범한 진리를 그 누가 부정 할 수 있겠는가? 그런데도 이 엄연한 사실 앞에서 목적과 수단을 가리지 않는 퇴색적인 사람은 다시한번 흙의 진리를 배워야 한다.

1987. 6. 3. 실대확보

48 인간의 조상

창조의 신비는 아직도 많은 문제점을 안고 있어서 인간이 어떻게 하여 탄생되었으며 최초의 조상은 어떤 형태이었는가에 많은 이론이 있는데 얼마전 또 하나의 새로운 이견이 등장했다.

오늘날 생명의 기원은 진화학으로 설명하고 있고 그 진화학은 「종의기원」이라는 다윈의 이론에 근거를 두고 있다. 생물은 생식을 통하여 조상으로부터 유전인자를 받아 그 생물의 특성을 유지하지만 지구상에 있는 수많은 생물의 종류가 제각기 따로 조상을 가지고 있다고 생각할 수는 없다. 지구의 역사와 함께 자연법칙의 테두리 안에서 먼저 생겨난 種으로부터 새로운 種이 형성되었다고 생각케 된다.

즉, 모든 생물은 하나의 조상에서 유래하였으며 저차원의 세계에서 고차원의 방향으로 형태와 기능을 가진 생물로 발전하여 지금처럼 다양하게 되었을 것이다.

그런데 얼마전 미국의 와이오밍주 침식지대의 황무지에서 인류의 진화에 또 다른 이견이 제시될 수도 있는 화석이 발견되어 인류진화 역사설정에 5천년 이상을 더 고대로 거슬러 올라가게 되었다.

이 화석은 원숭이, 유인원, 인간들과 같은 영장류 중 가장 오래된 영장류로 밝혀졌는데 발굴된 화석으로 보아 5천3백만년전 지구상에 존재했던 칸타우스·토레지라는 여우 얼굴에 벌레 눈을 가진 쥐과 동물로 추정된다.

미시간대학의 필립·긴게르흐 교수는 "이것은 인류의 가장 오래된 조상이라 할 수 있다"고 강조한다. 그러나 척추동물의 조상이 털로 싸여있는 꼬리동물이라는 사실에는 별 변화가 없는 것으로 학계는 진단하고 있다.

인간이 인간에 대해서 창조의 신비를 원숭이에서 이제 쥐로 변경함에 따라 거부감이 생기기도 한다. 인간이 이성이 있고 형이상학적인 총체라 하는데 쥐과 동물이 우리의 조상이라니 이제 늘 쥐를 보고 무엇이라 불러야 할까? 하기는 인간 중에는 쥐새끼같은 행동을 하는 자도 있으니 아마도 이는 쥐를 조상으로 둔 이유에서 일까?

1986. 3. 7. 대전일보

49 열린 사회

역사는 「열린 사회」와 「닫힌 사회」의 투쟁과정으로 볼 수도 있을 것이라고 K·포터는 갈파한다. 물론 이것은 역사를 해석하는 유일한 관점은 아니지만 인류가 지향해 왔고 지금도 추구하고 있는 가치있는 사회를 제시하는 매우 편리한 하나의 패러다임이 된다.

열린 사회를 닫힌 사회와 대립적인 성격으로 규정할 때 우리가 인간으로 살아남을 수 있는 유일한 길은 열린 사회를 건설하는 것이다. 열린 사회란 참다운 과학적 이론의 기초 위에 서 있는 사회이며, 참다운 과학적방법론적 개체주의 원리에 입각해 있는 사회로서 전체주의에 대립되는 개인주의 사회이며 전체의 급진적인 개혁보다는 점진적이고 부분적인 개혁을 시도하는 점진주의 사회를 말한다. 닫힌 사회는 불변적인 금기와 마술속에 살아가는 원시적인 부족사회이다.

이른바 국가유기체 이론이나 생물학적 이론은 이 닫힌 사회에 적용될 수 없다. 이 사회는 구성원들이 혈족관계에 있고 공동으로 노력하며 기쁨과 고통을 공동으로 나누는 반생물학적 결속으로 함께 묶여있는 사회이며 서로 만져보고 냄새 맡고 바라보고 하는 육체적 관계에 의해 맺어진 개인들의 구체적 집단이다. 대다수의 구성원들이 사회적으로 높아지기 위해 그리고 다른 사람과 같은 지위를 차지하기 위해 투쟁하는 열린 사회에 반해 닫힌 사회란 계급투쟁과 같은 것은 존재하지 않는 사회이다.

유기체 속의 세포나 조직은 영양분을 얻기 위해 상호 경쟁할지도 모르나 다리가 머리가 되고자 한다든가 하는 경향은 없을 것이기 때문이다. 그러므로 닫힌 사회는 사람들 모두를 규제하려 한다. 이리하여 모든 규범이 자연의 법칙과 같이 불변적인 것으로 간주되는 닫힌 사회에서는 개인은 무엇이 옳고 그른지에 관해 전혀 독단적인 판단을 내릴 수가 없다. 오직 사회·국가만이 판단을 내릴 수가 있다. 열린 사회에서는 행위의 규범들이 고정불변한 것으로 간주되지 않으며 개인들이 스스로에서 판단을 내린다. 그런 의미에서 우리들은 열린 사회를 염원한다.

1986. 3. 14. 대전일보

50 바람직한 삶

오로지 한번 밖에 살 수 없는 이 세상에서의 삶을 보람차고 멋있는 작품으로 만들고 싶은 것이 우리 인간 모두의 간절한 소망일 것이다. 누구도 처음부터 삶을 포기하려 드는 사람은 없다.

자신의 삶이 아무렇게나 되어도 좋다고 생각하는 사람이 있다면 그 사람에게는 무엇인가 잘못되어 있음에 틀림이 없을 것이며 그 사람은 이미 정상에서 벗어나있다고 보아야 할 것이다. 어떻게 해야만 자기의 삶을 보람차고 멋있는 것으로 만들 수 있을 것인가. 이것은 모든 정상적인 보통 사람들이 공통으로 안고 있는 첫 번째의 근본 문제이자 마지막 문제일 것이다.

사람으로 태어나 보람차고 뜻있는 삶을 영위함에 우선 필요한 것이 있다면 그것은 어떠한 삶이 가장 바람직한 삶인지를 아는 일이다. 바람직한 삶을 알지도 못한 채 바람직한 삶을 누릴 수가 있겠는가. 그러나 바람직한 삶이란 문제를 놓고 온 세상 사람들이 수긍할만한 해답을 한마디로 얘기할 수는 없다. 도대체 그 근거가 애매하기 때문이다.

꼭 그 근거를 찾는다면 인간성에서 찾아야 할 것이다. 그렇다면 어떻게 살아야 하느냐 라는 당위의 문제와 직접 대결하기에 앞서 인간의 본성이 무엇이냐 하는 존재의 문제부터 살피는 것이 그 순서일 것이다.

예로부터 대개는 인간의 본성에 근거를 두고 바람직한 삶의 문제를 대답하기를 피하였다. 간혹 종교적 입장이나 형이상학적 입장을 취하기는 하였다. 그러면 인간의 본성은 무엇이냐. 우선 인간도 하나의 생물체이니만큼 자연적인 측면에서 이해될 수도 있을 것이다.

생명을 유지, 보존하려면 무엇보다도 먹어야 한다. 먹지 않고서 삶을 얘기할 수는 없기 때문이다. 그러나 이러한 측면에 전적으로 의존한다면 다른 동물과의 구별이 불가능해진다.

따라서 인간은 다른 동물과 구별되는 인간성을 얘기하지 않을 수가 없다. 그것이 바로 이성인 것이다. 그러므로 보람되게 산다는 것이 돈을 쓰며 호사스럽게 사는 삶을 말하는 것은 아닌 것이다. 물질적 요건이 우리생활에 필수적인 요소인 것은 사실이지만 그렇다고 바람직한 삶을 창조하는 것은 아니다. 목적과 수단이 뒤바뀌어져서는 안될 것이다.

1986. 3. 21. 대전일보

51 에피큐리언

인생을 의미있게 잘 살아보려고 하는 것은 자기를 사람답게 살아가게 하는데 있다. 아울러 사람다운 생활태도는 노력하는데 의미가 있다.

부정과 부패, 동물적인 생활태도에서 벗어나려는 노력에 그 의미와 가치가 있다. 그러나 노력의 의미와 가치는 주어지는 것이 아니고 나 자신의 생활태도와 의지에 있다. 동물은 생명이 있기에 사는 것이지 잘 살아야 한다는 의지는 없다. 사람은 자각적이고 의지적으로 어떠한 목적을 추구하면서 환경과 싸우며 살고 있다.

그리스의 철학자 에피쿠로스 일파는 올바른 인식에서 정신적 쾌락을 추구하기도 했지만 일반적으로 쾌락하면 물질적이고 육체적 쾌락을 먼저 생각케 된다.

그러나 물질과 육체의 쾌락에서는 고통과 번뇌밖에 얻을 것이 없으며 고통과 번뇌보다는 마음의 안정을 더 요구한다. 좋은 음식, 의복, 집, 향락 등 감각적인 것이 이성적인 것보다 유혹성이 강하다. 그러기에 쾌락에는 교양이 없는 편이 더 즐길 수 있으며 지성적인 노력을 필요로 하지 않기 때문에 기분에 많이 휩쓸리게 되고 빠지기 쉽다. 일시적이고 동시에 기분적이며 흥분에 의한 쾌감이기 때문에 잘못 생각하면 가치로 평가할 수도 있다. 그러나 감각적인 것에서는 인생의 가치를 발견할 수 없으며 오히려 더 고민을 낳게 한다.

고상한 취미와 욕망을 선택하고 가치있는 생활태도와 그것을 달성하기 위한 진실한 실천은 자기억제로만 가능하며 오랜 시간과 많은 노력이 요구된다.

산업의 발달은 인간의 생활을 기계화시켰고 가치의 평가를 물질에 두게 하였으며 민족의 주체성을 상실케 하여 방임주의로 만들어 쾌락이나 향락의 길이 개방되었다. 이로 인하여 가치평가의 기준을 잃어 자기상실이 되었으니 인간은 참다운 욕망을 잃고 기적과 횡재, 불평과 비난, 파쟁과 보수, 비애와 절망 속에서 인생을 낭비하게 되었다.

그러나 이 시점에서 우리는 반성하여 환경으로부터 도피하지 말고 과감히 도전하며 옳은 것은 옳은 대로 처리하고 주관보다는 객관을 중시하면서 가치 창조를 위한 노력을 계속해야겠다.

현실 부패는 타협하지 말고 원래의 정신적 쾌락의 뜻을 떠나 관능적이고 찰나적인 쾌락주의로 변한 에피큐리언을 배척하는 것이 이 시대를 사는 우리의 참된 삶의 목적이리라.

1986. 3. 29. 대전일보

52 자연유감(1)

자연보호운동이 널리 퍼진 지금도 자연의 고마움을 마음속에 느껴 감사하는 마음을 불러일으키지 않음은 인간이 만물의 영장이기 때문이리라.

만물을 지배하는 위치에 있는 인간으로서는 나무 하나 또 어느 동물 하나쯤은 꺾거나 잡는다해서 생명에 대한 존엄성이나 또는 그것이 생명체이었던가 하는 일련의 마음마저도 느끼지 않는 것이 아닐까? 지금부터 2천-3천년 전에 인간에 의해 무자비하게 도살되었을 것으로 보이는 뉴질랜드 산의 거대한 '모아' 鳥(조)는 그의 뼈나 알껍질이 지금도 발견되며 뉴질랜드의 만화속에 이 새에 대한 전설이 남아있다. 이 새는 날지를 못하여 인간 가까이서 먹이를 구하며 살았는데 그것을 인간이 잡아먹었기 때문에 지금은 단 한 마리의 '모아'새도 발견할 수가 없는 것이다.

또한 '오란다'인에 의해서 1681년 최후의 생존이 확인된 '도도(DODO)'는 아주 거대한 새였는데 또한 인간의 잔인성에 의해 종족을 잃어버렸다고 한다.

인간 때문에 무수한 생물이 전멸한 것은 동서를 막론하고 인간의 잔인성 때문이었고, 또 인간은 쾌감을 느끼기 위해 생명의 가치를 상실하게 했을 것이 틀림없다.

승냥이는 사자 가까이 다니면서 사자가 사냥하여 먹다 남은 고기 찌꺼기를 얻어먹고 사는데 승냥이는 차차 그것으로 만족하지 않고 나중에는 사자에게 달려들게 된다.

인간도 자연으로부터 많은 혜택을 받고 있으면서 순간 그것을 저버린 채 자연을 파괴하는 그 행동은 승냥이와 다를 것이 무엇일까? 인간은 인간이 아닌 다른 생물이 인간의 필요에 의해서 존재하는 것으로 생각하고 있다.

그러나 '인간은 다른 생물체에 대하여 필요하기 때문에 존재하고 있다'라는 역설도 성립할 수 있을 것이다. 철학이 다르면 숙명도 달라진다. 만일 우주가 어떠한 목적, 무엇인가 종적인 목표를 향하기 위하여 생명을 가진 물체를 구성하고 있다면 인간도 그 중의 하나에서 벗어날 수 없는 목적, 또는 목표의 생명에 불과한 것이다.

약 8억년 전의 진화과정을 통하여 이루어진 인간도 자연의 한 부분임에 틀림없고 보면 자연에 유감된 일이 있어서는 안 될 것이다. 슈레딩거 씨의 "생물은 금일까지 확립 된 물리학의 법칙을 뛰쳐나가고 있는 것이 아니고 다만 현재 아직 모르는 물리학의 다른 법칙을 지니고 있는 것이다"라는 말을 되새기며 살아있는 생물에서는 진행되고 있는 여러 과정이 개체의 행복, 또는 종의 행복을 위해서 기여한다는 사실을 생각하면서 자연의 파괴는 곧 자기의 파괴임을 인식해야 할 것이다.

1978. 6. 30. 대전일보

53 자연유감 (2)

자연의 섭리란 인간으로서 공명하기가 어려워서 그 무궁한 상태를 그저 느끼는데 그치게 마련이다.

인간이 지구상의 모든 생물을 지배하는 만물영장이긴 하지만 자연의 섭리를 거역하는 것은 곧 신에 대한 도전이다. 한때는 물론 신앙적인 존경심으로 자연을 숭배해 왔다. 그러나 인간의 욕망은 한이 없어 자연의 법칙을 바꾸려 한다.

인간의 욕망에 비하여 인간 자체는 극히 약하여 어떤 때는 동물에게 굴복하여야 하는 비애를 맞보아야 하며 눈에 보이지 않는 세균류에도 고통을 당하기 일쑤다. 우리 인간의 소화기관 속에서 기생하여 하숙자 노릇을 하고 있는 세균은 가끔 자기의 분수를 잊어버리고 음식물의 찌꺼기나 노폐물에서 영양을 섭취하는 것이 아니라 살아있는 세포에 침입하여 영양을 취하려 하는데 이때 우리는 병이라는 이름의 고통을 받는다. 마치 사자에게 가까이 다니면서 사자가 사냥하여 먹다 남은 음식물을 얻어 먹고 있던 승냥이가 차차 그것으로 만족치 않고 사자에게 달려드는 것과 다름이 없다.

여기에서 실질적인 자연의 섭리란 동아프리카의 성성이나 표범에서 예를 들어 볼 수 있는데 성성이는 표범보다 생식능력이 좋아서 자손증식이 빠른데 표범과 성성이의 수적인 평형을 이루기 위해 표범이 성성이를 잡아먹는 것으로 되어 있다.

그러나 표범의 가죽은 값이 비싸니까 인간의 욕망에 의해서 마구 표범을 잡기 시작하고 결국 성성이의 수는 늘어나 먹고 살아 갈 영양의 섭취를 위해서 농민들의 밭에 뛰어들어 곡식을 취하게 된다.

노르웨이의 여행쥐는 보통 4년마다 그 수가 급증하는데 이렇게 수가 많아지면 먹고 살 양식이 없어 곤란을 받게 된다. 먹이를 더 이상 얻지 못하게 되면 이 여행쥐들은 무리를 지어서 노르웨이 해안으로 달려가 바다를 향하여 뛰어들게 된다. 결국 바다에 뛰어든 뒤는 죽고 뒤에 몇 마리의 여행쥐만 남아 살게 된다. 이것은 종의 존속을 위하여 대다수 쥐가 희생을 하는 것이다.

이렇게 자연이란 항상 평형을 유지하게 되어 있는데 인간이 가끔 평형을 깨는 경우가 많이 있음은 심한 유감이 아닐 수 없다. 굳이 나도 욕망을 부려 부언한다면 더운 여름철의 귀찮은 모기와 파리, 생각 같아선 자연의 섭리에 어긋나고 또 평형이 깨지더라도 모기와 파리가 없어질 수 있다면 이 또한 유감된 생각이 아닐까?

자연속의 모든 생물은 고립하여 살지 못하여 큰 동적 복합체의 일원으로 살며 자기가 생존하기 위해서는 다른 복합체에 의존하지 않으면 안 된다.

인간도 인간에 의해서 의지되고 또 인간복합체의 일원으로 살아가야 한다면 인간의 섭리는 무엇일까? 의리, 도리, 정리… 그 외 많은 다른 섭리가 있을 것이라고 생각한다면 이 더운 여름의 머릿속만 더욱 어지럽히는 것이 아닐까?

그저 주어진 운명 속에서 팔자대로 사는 게 가장 편한 것이 아닐런지?

그러나 인간이니까 운명을 이겨내야 하겠고 그러자면 자연의 섭리에 역행하게 되는 결과를 초래할테니 자연은 나에게 유감을 표하리라.

1979. 9. 13. 실대학보

54 와우각상쟁蝸牛角上爭

연체동물인 달팽이는 양쪽에 한 개씩의 촉각을 가지고 있다.

와우각상쟁이란 달팽이의 두 촉각이 서로 싸움하는 것을 일컫는 말이다.

옛날 중국의 齊(제)나라 威王(위왕)과 魏(위)나라 惠王(혜왕)은 평화의 동맹을 맺었는데 제나라에서 이를 일방적으로 파기하여 위나라를 자주 침범하므로 혜왕이 화가 나서 위왕을 암살하려고 계획을 세웠었다.

그런데 이때에 제나라의 여러 대신들이 자객을 보내자, 또는 정면으로 전쟁을 하자 하며 의견을 합치하지 못하였다. 그러자 당대의 선학인 華子(화자)라는 신하를 불러 그의 의견을 들었다. 그랬더니 화자는 '도를 닦으십시오' 라고 혜왕에게 권하였다. 그리고 이어서 '조그마한 달팽이의 양쪽 촉각이 서로 자기가 많은 땅을 차지하려고 싸우는 것은 인간이 볼 때 지극히 하찮고 어리석게 보입니다. 이와 마찬가지로 도인이 인간의 利(리)에 얽힌 싸움을 본다면 마찬가지가 아닐까요?' 라고 일러주었다고 한다. 무궁무진한 정신세계를 대상으로 하여 노닐고 있는 사람이 우리의 존재가치를 무와 다름없는 존재로 인식할 때에 우주 속의 미미한 존재인 우리는 결코 와우각상쟁의 과오는 범하지 말아야 되지 않을까?

칸트는 '인간은 자유로운 존재'라 하였다. 그러나 절대자유는 정신세계에서 만이 가능하고 현시 세계에서는 많은 제약이 뒤따르기 때문에 엄한 도덕률의 지배를 받아야 한다고 하였다.

인간은 누가 뭐래도 실질적 행동에의 추구를 그 목적으로 삼고 있다. 인간의 가장 자유스러운, 그러므로 행복한 상태는 무엇에 의해서도 방해되거나 간섭되지 아니하는 상상의 순간들이다. 이러한 자유스러운 상념은 곧 단순한 감상이나 낭만으로 바뀌게 된다. 그것은 끊임없는 노력이 뒷받침한 도덕적인 당위성이 있어야만 되는데 당위성의 노력이란 자아의 충실을 뜻하며 책임완수를 가리키는데 이것이 밑바탕이 되지 않는 상념이기에 그러하리라. 또한 젊은이에게 현실이란 금싸라기처럼 중요하다. 그러나 현실이란 내일을 향하는 과정에 불과한 것임을 알고 있기에 현재의 종이 되지 말고 미래의 주인이 되어야 한다고 생각한다면 현재는 미래를 위한 희생의 시간이 아닐까. 그러기에 의식구조의 변화에서 생긴 개인주의적 사고력과 소극적인 창의성은 신춘의 동면과 다를 바 없을 것이며 이 결과로 하여 심오한 진리탐구의 전당인 상아탑이 사회로부터 멀리 떨어지지 않을까 염려된다.

무릇 침묵속에서 자기를 확립시키고 그러면서 진취적이고 개방적이며 실천적인 생활속에서 사명감과 책임감을 가진 사회적, 국가적 의의를 깨달을 수 있는 것, 그것은 사색형의 철학자들만 누릴 꿈이 아니라 우리들 전부의 바램이리라.

1985. 11. 30. 실대학보

55 자연의 섭리

우리가 사는 세상에는 일정한 법칙과 질서가 존재한다. 아주 작은 단세포 동물에서부터 광대한 우주에 이르기까지 질서와 조화속에서 탄생과 죽음을 반복하며 존재하는 것이 자연의 섭리이다.

생명의 발현은 단백질과 핵산으로 구성된 세포이다. 세포핵은 DNA로 형성되어 있으며 그곳에 유전자기 있어서 유전정보에 의해 기능을 수행한다. 만약 인간이 죽는다 해도 DNA와 유전정보는 그 자체엔 변화가 없고 기능만 정지된다.

우리 몸에는 약 100조개의 세포가 생명활동을 계속하고 있으며 하루에 약 30억개의 세포가 죽는다. 그러나 인간의 세포는 자체수리능력(Self Repair)과 재생능력(Replication)을 가졌으며, 핵산이 파괴되어도 그것을 대신하는 인테론(보조DNA)이 있기 때문에 다시 30억개의 세포가 생성되어 정상적인 기능을 유지하게 된다.

17세기 데카르트는 '기계론'을 주장했는데 "생명은 물질로 이루어졌으니 생명은 곧 물질이다"라는 이론이다. 이에 대해 아리스토텔레스는 '생기론'을 주장했는데 "물질로 구성되어 있는 생명속에는 영혼이 깃들어 있다."라는 이론으로 '영혼론'이라고도 한다. 동물발생학자인 드리시는 동물의 알이 발생하는 과정에서 한 부분이 앞으로 만들어질 다른 부분을 기대하여 전체적으로 통일된 기능을 나타내는 사실을 확인하고 '신기론'을 발표했다.

아주 단순한 하나의 생명체가 형성되기 위해서는 최소한 12개의 단백질이 필요하고, 하나의 단백질이 스스로 합성될 가능성은 세상의 물질 중에 1/10,114이며, 124개의 단백질이 합쳐져 새로운 생명체로 만들어 질 확률은 1/1,014,136이라 한다. 일반통계학에서 1/1,050 이하의 처리는 불가능하다 하니 생명체의 탄생이 얼마나 어렵고 신비한 것인가를 느끼게 한다. 이렇게 생겨난 생명은 탄생과 죽음을 만족하는 질서에 순응하게 된다.

지구상에는 약 140만종의 생물이 살고 있으며, 이 중 곤충이 절반 이상을 차지하는 75만종이며, 식물이 25만종, 그리고 동물 중 등뼈동물이 4만 1천종이나 된다. 지구상의 모든 생물이 다 밝혀진 것은 아니지만 그 많은 생물 중 인간이 가장 중요한 위치에 있으며, 인간에 의해서 다른 생물들은 지배를 받고 있다. 그래서 공자도 인간은 세상만물 중 가장 귀한 존재라 했고 그 귀한 존재인 인간이 지켜야 할 몇가지 도리가 있다고 했다.

오늘날 우리는 인간이 따라야 할 자연의 섭리 즉, 일정한 법칙과 질서를 지키지 않고 선진 자본주의만을 추구하여 황금만능사상과 만물의 상품화 현상을 초래하였고 그 결과 보편정신과 마음의 정직성을 잃어가고 있다. 지식, 문화, 생명, 자연 등 세상의 모든 것을 자본의 축적 논리 속에서만 찾으려하므로 인간의 내면적이며 진실한 도덕적 삶은 버려지는 파행적 결과를 낳았다.

이제 우리는 진정한 겸손 속에서 그동안 선진자본주의 때문에 잃어버렸던 자연과 인간의 공존질서를 생태학적 차원에서 되살려야 하며, 지식과 윤리, 앎의 실행, 미래의 희망에 대해 투명한 겸허함을 갖고 지성을 통한 자연의 섭리를 회복시키는 개혁작업에 용감히 참여하여야 한다.

몽테뉴가 말한 "재물의 빈곤은 쉽게 고칠 수 있지만 영혼의 빈곤은 결코 고칠 수 없다"는 말을 되새기며 지금부터 우리는 윤리도덕의 빈곤과 궁핍에서 탈출하여 자연의 섭리에 순응하는 노력을 해야 할 것이다.

1996. 대한적십자회지 여름호

56 거미

거미는 지구상에 약 4만종이 존재한다. 그 중 한국에 서식하는 종은 약 600여종이다. 거미는 번지점프 비행, 고치 만들기, 왕거미는 체중의 10%에 이르는 거미줄을 실샘에서 만들어 포획사를 치며 하루가 지나면 자기가 친 거미줄을 먹어 재활용에 이용하기도 한다.

번지점프용 거미줄은 병상선이라는 실심에서 나오는데 굵기로 비교하면 인류가 만든 가장 강한 케블리 섬유보다도 훨씬 강도가 높다. 이 때문에 미국 해군에서는 낙하산 줄이나 방탄조끼에 필요한 강력한 섬유를 만들기 위해 거미줄을 연구 중이며 인간의 몸속에서 분해되는 수술용 봉합사를 만드는 연구도 진행중이다.

거미는 기온에 대한 적응 범위가 넓으며 적당한 크기의 동물을 먹이로 이용할 수 있고 거미줄을 새끼 보호뿐만 아니라 모든 생활활동에 이용하기 때문에 모든 생태계에 진출 번성하게 되었다. 열대지방은 물론 그린랜드 같은 한대지역이나 해발 6,700m되는 에베레스트산의 고산지대에서도 살고 있는 것으로 보고되어 있다. 거미는 사냥하여 잡은 벌레를 씹어 먹거나 체액을 빨아먹지 않고 관 모양의 엄니를 벌레에 꽂고 독샘에서 분비하는 독액을 벌레의 몸속에 주입하여 벌레를 죽인 뒤 벌레 몸 속의 단백질을 소화하게 된다. 또 아래턱 샘에서 분비하는 소화액 작용이 추가되어 흡위(吸胃)에서 흡입한다.

거미줄에는 원그물, 선반그물, 접시그물, 천막그물, 줄그물, 종그물 등으로 나눌 수 있으며, 엄지손가락 굵기의 거미줄은 보잉 737비행기 두 대를 들어 올릴 수 있을 정도로 질기다. 이는 같은 굵기의 강철에 비해 100배나 강하다. 이 때문에 거미줄은 꿈의 섬유로 불리는 것이다. 1974년 덴마크의 발르드 교수는 네필라 거미를 주로 연구해 거미줄의 특성을 밝히기 시작했으며, 89년 와이오밍대학에서는 거미줄 생산의 유전자 일부를 해독하였고, 2000년 캐나다의 넥시아 바이오 테크놀리지라는 회사에서는 염소에 이 유전자를 이식하여 염소의 젖에서 거미줄 단백질을 만들었는데 이를 바이오스틸(Bio steel)이라 불렀다. 그러나 생산된 거미줄 단백질은 질기기와 탄성이 천연 거미줄에 크게 미치지 못했는데 이는 유전자가 완전히 해독되지 않은 탓도 있었다.

최근 캘리포니아대학의 에이브와 하야시교수는 검은 과부거미의 거미줄 생산 유전자를 밝혀냄으로써 거미줄의 대량생산의 가능성을 열었다. 이 유전자는 거미줄에서도 가장 질긴 드래그라인(Dragline)이다. 이 연구팀은 이 유전자를 담배나 감자 등에 주입해 대량생산을 위한 연구가 계속 되고 있다. 감자에 이 유전자를 삽입하면 감자속에서 거미줄 단백질이 만들어지며 만들어진 단백질을 걸러내 거미줄처럼 가는 실을 만들어내는 것이다. 생물의 종에 관계없이 거미줄 말고도 주변의 하찮은 동물을 이용한 연구는 많다. 미국에서는 바퀴벌레를 이용해 다족로봇을 만들어 사람이 들어가기 힘든 공간에 투입하는 군사 정찰용으로 이용하고 있고, 또한 후각이 발달한 꿀벌을 이용하여 이라크 전투에서 지뢰와 폭탄을 탐지하는데 이용하고 있다. 일본에서는 7가지의 화려한 빛을 내는 비단벌레의 발색구조를 연구하여 금속재료에 재현하는 기술을 개발하여 친환경적 채색기술로 이용하고 있다. 거미줄은 응용분야가 많아 인공 힘줄, 방탄복, 스포츠 의류, 봉합사, 밧줄, 항공기 몸체, 가방, 차량코팅제 등에 이용할 수 있다. 우리 주변에는 연구 개발되지 않은 동물 자원이 수없이 많다. 아직도 첨단과학과 접목하지 못하고 있는 실정이다. 기초과학과 응용과학이 도외시 당하고, 과학 기술자와 과학 관련 직업이 불안정한 현실의 탓으로 돌리기엔 너무 아쉽다. 자원이 부족한 우리나라가 살길은 우수한 과학자를 양성하는 것임을 아직도 모른단 말인가?

"거미줄도 쳐야 벌레를 잡는다"라고 했다.

2007. 8. 31. 중도일보

57 동물복지와 국제경제

얼마 전 농림부는 동물보호법 개정안을 입법 예고했다. 신선한 먹이, 안락한 사육사, 충분한 운동 공간을 만들어 주어야 하는 동물복지 문제와 동물학대를 금지하는 내용들이다. 일부 대학에서는 동물복지학을 개설할 준비를 하고 있다.

독일 나치 3제국은 권력을 장악한 후, 8주만에 동물학대를 금지하였고, 1685년 일본에서는 생류 연민령을 제정하여 동물을 보호하기로 하였다. 도쿠가와 쓰나요시는 5대 쇼군으로 병든 동물을 내다버려서는 안 된다는 법을 만들었다. 2년 후에는 소, 말, 개는 물론 뱀, 쥐, 물고기 등을 상처를 입히거나 때리면 처벌을 받도록 했고, 그 후에는 닭, 새우, 조개요리를 금하게 된다. 포고령은 계속되어 60회에서는 어떤 생물이던 다치기만 하면 인간을 처벌하는 법을 만들고, 닭을 키우는 것은 괜찮지만 계란을 먹어서는 안되고, 피를 빨아먹고 있는 모기를 죽여도 유배를 당했으며, 개나 고양이를 죽였다가 사형을 당한 사람이 부지기 수였다. 쇼군은 그가 죽은 후에도 100년 동안 이 법을 존속하라고 했지만 죽은 지 10일 만에 폐지되었다. 앞으로 우리나라도 동물을 학대하면 지금보다 10배 이상의 벌금을 내야하고 외과적 수술을 통해 웅담을 채취하거나 고양이를 못 박거나 기르던 애완동물을 함부로 못 버리게 된다. EU와의 FTA협상과정에 닭 한 마리의 사육장 넓이가 23㎠인데 33㎠로 넓혀서 건강한 닭과 계란을 생산하라고 요구함으로써 축산농가의 생산시스템을 전면 개조해야 하는 충격을 감수해야 할지도 모른다. 이와 같이 동물의 복지 문제나 자국의 생산 기준을 내세우다 보면 우리나라의 동물을 사육하는 사육자들에겐 동물복지로 인한 시름과 고통이 지금의 몇배로 늘어날 수도 있을 것이고 이로 인해 한미 FTA의 여파와 더불어 축산농가의 괴멸이 오지 않을까 걱정이 된다.

덴마크에서는 정치인들의 우유값 인하가 큰 이슈로 등장하고 있다. 우유값을 내리라고 하자 젖소 사육농가들은 수지타산이 맞질 않아서 젖소를 도축하거나 팔아 치웠다. 이로 인해 젖소에게 먹이는 조사료(목초)를 재배하던 농가는 목초 값이 떨어져 다른 작물을 재배하게 되었다. 결국 목초 부족으로 젖소 사육농가는 줄어들고 인하하려던 우유값은 오히려 오르게 되었다. 또한 멕시코에서는 NAFTA를 재협상해야 한다며 국민들이 연일 시위를 하고 있다. 국민들의 주식인 옥수수로 만든 전병인 토티야 값이 상승했기 때문이다.

옥수수는 저개발국이나 재해지역에 보내던 식량의 대명사인데 옥수수 값이 올라 이제는 어림없는 소리가 되어 버렸다. 옥수수 값이 오르게 된 이유는 미국의 바이오 연료정책 때문이다.

미국은 앞으로 10년 안에 석유소비를 20% 줄이는 방안으로 옥수수를 발효한 후 정제하여 에탄올을 생산하고 이를 휘발유와 혼합하여 바이오 에탄올을 제조하여 중동지역의 정세불안과 고유가로부터 미국의 경제를 보호하려고 하고 있다. 미국은 현재 바이오 연료분야로 진출하는 유통업자들이 늘고 있으며, 바이오 연료공장과 주유소가 많이 생겨나 옥수수 가격은 직선적인 상승을 나타내고 있다. 이로 인해 미국의 농가에서는 다른 작물을 재배하던 농가들이 옥수수 재배로 전환하고 있다. 이 여파는 일본으로도 전해져 미국에서 콩을 수입해 두부와 낫토를 만들던 공장들이 콩 수입가가 높아져 두부와 낫토의 값을 올리고 있기 때문에 난관에 봉착해 있다. 또 독일에서도 맥주의 원료인 보리를 재배하던 농민들이 옥수수 재배로 전환하는 현실 때문에 보리 생산량이 적어 맥주값이 오르고 있다.

동물보호법으로 인해 동물사육농가가 줄어든다는 것은 우리국민의 보건향상에 큰 문제일 뿐만아니라 농촌의 황폐화와 더불어 우리 경제에 엄청난 영향을 미칠 것이 사실이고 보면 동물보호법 시행에 있어 축산농가의 적극적 참여가 필요하고 정교한 운영이 되지 않으면 안 될 것이다.

2007. 8. 3. 중도일보

58 동물의 겨울잠과 냉동인간

무더운 여름이 지나고 더디게 온 가을을 더디게 보내고 싶지만 겨울은 오게 되어 있다. 동물의 겨울잠을 이용한 과학적 연구는 매우 활발하다. 동물이 겨울잠을 자는 이유는 추위로 체온을 유지하지 못하거나, 먹이를 구할 수 없기 때문이다.

겨울잠의 유형은 대개 '곰 형'과 '개구리 형'으로 나눈다. 외부온도와 상관없이 동물 스스로가 체온을 유지하는 항온동물은 곰 형의 겨울잠을 잔다. 곰, 다람쥐, 너구리, 고슴도치 등 일부 포유류와 잉어, 붕어 등의 어류, 미국에서 서식하고 있는 쏙독새 등 극소수의 조류가 여기에 속한다. 항온동물은 체온 유지를 위해 주로 음식물을 섭취하여 필요한 열량을 생산한다.

개구리 형의 경우는 주위 온도에 따라 체온이 변하는 변온동물이 여기에 속하는데 개구리, 뱀, 도마뱀, 거북이 등 일부 양서류와 파충류를 들 수 있다. 겨울이 되면 주변 온도가 낮아져서 체온이 떨어져 활동할 수 없게 되므로 심장박동과 호흡이 거의 멎는 가사 상태에서 겨울잠을 자게 된다.

겨울잠을 자는 동안 동물이 얼어 죽지 않는 것은 몸속에 저장된 영양분을 에너지로 바꿔주는 갈색 지방세포 때문이다. 겨울잠을 자기 전에 충분한 영양분을 섭취하여 자는 동안 서서히 분해하여 이용하는데, 가을에 영양분을 섭취할 때 인슐린이 많이 나오게 된다. 인슐린은 혈액 속의 포도당을 급격히 감소시켜 동물이 겨울잠을 자는 동안 대사활동을 최대한 억제하게 된다. 야생 곰은 인슐린 분비가 많아지면 겨울잠을 잘 때가 된 것을 인지하게 된다. 잠을 자던 동물은 봄이 되면 깨어나게 되는데 기온이 올라가 몸의 기능이 정상적으로 돌아오기도 하지만 중추신경에 별도의 생체시계가 있을 것으로 추정하고 있다. 사람도 겨울에는 겨울잠을 자는 동물과 비슷한 증세가 있다. 추위에 빼앗긴 체온을 유지하기 위하여 기초대사량이 느는데, 이때 다른 계절보다 본능적으로 피하지방을 많이 축적하게 된다.

이는 겨울잠을 자는 동물보다 생체시계가 겨울잠을 더 자도록 설계되어 있다는 연구결과도 있다. 뇌에서 분비하는 수면조절 호르몬인 멜라토닌은 빛이 있을 땐 나오지 않다가 빛이 없으면 나오게 되는데 밤이 긴 겨울엔 다른 계절보다 멜라토닌 분비가 많아져 잠을 많이 자게 된다는 것이다.

동물이 겨울잠을 자는 동안 체온을 유지하는 비결에 대해서 아직 밝혀진 부분이 적다. 그래서 과학자들은 겨울잠의 원리를 규명하고 이를 이용하기 위하여 다양한 연구를 하고 있다. 예를 들면 캐나다의 숲개구리는 겨울잠을 자는 동안 자신의 몸을 얼렸다가 봄이 되면 녹이는데 이러한 현상을 연구 분석하여 사람의 장기 보존에 이용하려고 하고 있다. 체온이 영하 3도까지 떨어져도 혈액이 얼지 않는 북극 다람쥐의 겨울잠은 냉동인간을 만드는데 중요한 단서가 되고 있다. 또한, 동물의 피에서 분비하여 겨울잠을 유발하는 '엔케팔린' 이라는 호르몬을 합성하여 사람도 동물처럼 겨울잠의 상태를 만들어 사람의 체온을 18도까지 낮추어 두뇌활동을 정지시키고 피의 흐름을 멎게 한 후, 저체온 수술을 한다면 한 방울의 피도 흘리지 않고 장기이식을 비롯한 외과수술을 할 수 있을 것이다. 암 치료에도 이용할 수 있는데 항암 치료 전 정상적인 세포는 동면상태로 만들고 활동하고 있는 암세포만 집중적으로 제거하여 치료하는 방법이다. 이제 계절로 눈을 돌려 겨울이 오기 전 노란 국화꽃의 개성을 느껴보자.

2007. 10. 26. 중도일보

59 인간복지와 동물복지

인간복지란 쾌적하고 안녕된 생활을 하기 위한 사회구성원간의 공동체적인 노력으로, 행복하고 충실한 삶을 살도록 하는 것이다. 동물복지란 인간이 필요에 따라 동물을 이용하는 것은 인정하지만 동물의 기본적인 삶의 욕구를 인간이 충족시켜줘야 한다는 것으로, 대개 다섯가지 자유를 통해 동물복지가 실현될 수 있다고 본다. 즉, '고통, 상해 질병으로부터의 자유' '배고픔과 목마름으로부터의 자유' '불편함으로부터의 자유' '두려움으로부터의 자유' '정상적인 행동을 표현할 자유' 등 이다.

2005년 동물권리법을 제정한 이탈리아에는 관상용 물고기를 둥근 어항에서 기르지 못하게 하였다. 이는 물고기가 둥근 어항 때문에 확대된 상을 보게 되어서 시력을 잃을까 염려해서다. EU국가들은 동물복지를 위해 후생기준에 따라 사육하고 도축하기 때문에 생산비가 많이 든다고 한다. 그래서 시장을 개방하면 우리나라에서는 낮은 후생 기준으로, 싼 가격의 축산물을 생산하므로 이를 수입할 경우 EU농가가 큰 피해를 입을 것을 염려하고 있다.

그러나 우리나라에도 동물복지 문제가 부각되고, 건강을 중시하는 우리사회의 웰빙음식문화에 맞추기 위해 후생기준에 따라 사육하는 농가가 많이 늘고 있다. 돼지가 환경이 좋은 곳에서 사육될 때 고기의 품질이 좋아지며, 특히 도축 전 48시간 동안 스트레스를 얼마나 받았는가에 따라 고기의 품질 또한 달라진다는 보고에 따라 국내 식가공업체들도 동물복지제도를 시행하고 있다. 신선한 물과 먹이, 안락한 휴식 공간 등 일정한 사육 환경을 정한 뒤 이에 맞는 환경에서 생산된 친환경 축산물에 인증마크를 붙여 높은 가격의 축산물을 판매하고 있다.

1876년 영국이 동물학대방지법을 재정한 것이 동물 권익보호의 효시였다. 1990년대 광우병과 같은 사람과 동물에 모든 피해를 주는 전염병에 시달리던 영국은 1996년 축산물 생산 과정에서 동물복지를 한층 강화한 법을 시행했다. 이는 '공장형 농장이 전염병을 일으키는 주원인'이라는 판단에서다.

EU와 일본은 2000년 동물복지 기준을 포함한 국제교역협약을 제안했다. 이 협약은 동물복지기준을 준수하는 농가에 별도의 보조금을 지급하자는 내용이다. 또 2009년부터는 수송과정에 가축에 충분한 휴식을 제공했는지를 파악하기 위하여 가축수송 차량에 위성추적장치를 의무적으로 부착하도록 하였다.

우리나라는 1991년에 동물보호법을 제정했고 최근 개정안이 통과되어 내년 1월부터 시행될 예정이다. 그러나 축사 면적 기준이 EU보다 훨씬 좁고, 학대나 스트레스 방지를 위한 대책은 마련되어 있지 않다.

한편, 하루 1달러 미만으로 생계를 유지하는 지구상의 인구가 약 10억명에 달하고, 인류의 사회복지 문제도 제대로 해결하지 못하는 상황에서 동물복지는 사치라는 지적도 있다. 동물복지에 드는 비용을 생산비에 포함할 때 소비자의 경제적 부담이 커질 수 있다는 점이 이런 문제를 낳는다.

영국 철학자 제레미 벤담은 "인간을 동물과 달리 취급해서는 안되며, 동물도 인간과 다르게 취급해서는 안된다."고 말했다. 동물복지에 대한 철학적 기초를 제공하는 말이다. 이젠 우리 사회도 벤담의 말을 진지하게 검토해야 하는 시점이 되었다. 사람복지와 동물복지를 함께 생각하면 인간복지도 한층 더 업그레이드 될 것으로 본다. 문제는 동물복지 실현하려는 우리 국민의 의지에 달려 있다.

2007. 11. 22. 중도일보

60 한우상념 韓牛想念

한우는 우리민족의 역사와 함께 희로애락을 같이 해온 가축으로서 근면성과 강인성은 우리 민족성과 같으며 농경은 물론, 전투용, 무역품으로 이용되어 왔다.

특이한 육질을 가진 맛 좋은 고기를 생산하였으며 농사일에 없어서는 안될 귀한 존재였고 자녀 교육비는 물론 결혼비용 충당에 큰 몫을 한 재산목록 제1호였다. 그런 한우가 어느날 농작업의 기계화로 농사일로부터 밀려나게 되었고 지금은 쇠고기 수입으로 인하여 생존권까지 박탈당하게 되었으니 안타깝기만 하다. 현재의 식량자급도가 주곡의 경우 35%내외 선에 머무르고 국민의 식생활품 대부분이 외국에서 수입되고 있는 사실을 감안할 때 한우에 국한된 문제는 아니지만 국민소득의 증대로 늘어나고 있는 쇠고기의 수요량을 수입에만 의존할 수는 없는 것이 아닌가. 한우의 자급도는 지난 88년 쇠고기 수입 이후 급격히 감소하고 있으며 금년도 쇠고기 공급물량은 18만2천톤(1백22만두)인데 이 중 수입 쇠고기가 당초 8만4천톤에서 11만5천톤(77만두)으로 늘어났으며 더불어 젖소 도축비율도 갈수록 늘어나 올해 실제 한우 자립도는 22% 수준에 머물 전망이다.

쇠고기 수입이 중단되었던 지난 85년 국내산 쇠고기 공급량은 74만6천두로 이 중 한우가 62만3천두였다. 86년에는 1백8만6천두 분의 공급량 중 한우고기는 94만2천두, 87년에는 84만4천두, 88년에는 85만1천두였다.

그러나 쇠고기 수입이 본격화 된 89년에는 49만9천두로 급격히 감소하였고 90년에는 32만두로 크게 줄어들었다. 올 들어 지난 3월말까지 국내산 소 도축수는 13만3천6백두로 이 중 한우는 49.4%에 불과하여 이 같은 추세는 정부가 물가안정 차원에서 한우고기가 비싸다는 이유로 쇠고기수입을 계속한다면 한우시장은 가격의 강세를 가져올 뿐만 아니라 한우고기의 자립도는 실제 20%선에서 머물 수도 있음을 예고하는 것이다.

한우고기의 질이 세계 최고임을 알면서도 오래전부터 우리나라의 호텔에서는 외국산 쇠고기를 수입하여 관광객에게 판매하고 있다. 그러나 관광객 입장에서는 한국에 와서까지 자기나라에서 먹든 쇠고기로 만든 음식을 먹는 것 보다는 한우고기로 만든 음식을 먹고 가는 것이 더욱 의미있는 일이 될 수도 있다.

문제는 우리가 변화하는 세계에 맞추지 못하고 요리법의 개발, 외국인의 식성에 맞는 제품의 연구, 육질을 다듬기 위한 사료, 사양기술의 개발 및 유통경로의 연구 등을 등한시 하는데서 오는 한 예가 아닌가 생각한다. 무엇이든 새것이 좋고 외국 것이 좋으며 우리 것은 나쁘다는 생각은 버리고 우리 것에도 잘 안된 것은 고치면서 좋은 것은 지켜나가는 마음은 한우를 지키려는 마음에서부터 시작해야 하겠다.

1991. 8. 17 대전매일

4
여가 아노미 현상

61 윤리, 이것만은 회복하자

살아가다 보면 많은 장애물이 앞을 가리게 되어 중간 매개체를 통해서 볼 수밖에 없는 경우가 있다.

나는 고등학교 때부터 안경을 쓰고 있다. 그것도 지금은 작은 글씨를 보기 위해 돋보기를 끼우다 빼다 하니 두 개를 쓰는 셈이다. 흐린 유리창을 통해서 세상살이를 보니 참모습을 보지 못하고 살아온 날이 많았던 것 같다.

때늦은 폭우로 물난리가 나서 많은 사람들이 참담한 현실 앞에 망연자실하고 있을 때 해외여행에서 돌아오는 일부 국회의원들이 지역구민의 선물용으로 넥타이를 3백개 이상 사가지고 오는가 하면 화장품을 1천세트나 사가지고 왔고 백장미 기름을 수백병씩 사가지고 김포공항을 무사히 통과하였다고 한다. 보통사람 같으면 어림도 없거니와 엄두도 내지 못할 보따리장수 같은 행동이었다. 그뿐인가, 일부 지방의원들은 나도 질세라 교육위원선거에서 몇백만원에서 몇천만원을 받았다 한다. 백년대계의 교육을 담당할 교육의원들이 돈을 주고 당선을 구걸한 것도 문제려니와 돈을 받고 그들을 뽑아 준 지방의원들의 행태란 양식 있는 사람이라면 눈뜨고는 볼 수 없는 모습이다.

동량을 키워내고 교육의 미래를 창조해야하는 교육위원 선거에서까지 금품이 수수되고 있으니 마크트웨인의 말처럼 우리는 세계에서 가장 비싼 의원들을 모시고 있는게 아닐까?

직무에 관련해서 수천만원을 받은 의원은 떡값이라고 주장했고 공갈로 수억원을 챙긴 의원은 단순한 사례비였다고 우기고 있다.

'진실로 덕을 새로이 한다면 나날이 새로워지고 또 날로 새로워지다' 라는 글을 세숫대야에 새겨 놓고 항상 덕을 닦았다는 은나라의 '탕' 임금이 생각난다. 우리의 숨결 속에 살아 숨 쉬던 기상과 우리가 지향해 온 생활원리였던 선비정신의 상실이 부패, 부정의 행동적 실천으로 나타난 것이다.

지난 7월 미국 상원에서는 한번에 50달러 이상의 선물을 받지 못하도록 결의하였고 거기에다 덧붙여 한해동안에 1백달러 이하로 선물액수를 제한했다.

한술 더 떠서 미국 행정부는 선물에 대한 규정을 10달러 이하로 했다. 요즈음 국가간 민족간의 거리가 좁아져 세계가 한 울타리 속의 가족으로 살아가는 세계화속에 있다. 세계화란 내 문화, 내 전통, 내 의식을 버리고 남의 것을 무조건 따르는 것이 아니다. 자기 것에 대한 올바른 이해와 비판정신을 바탕으로 전통문화의 계승에 힘쓰면서 동시에 다른 문화 가운데 우수한 외래문화를 선별하는 도량을 필요로 한다. 한 문화의 진보 발달은 다른 문화에 자극을 받고 그 문화가 갖고 있는 새로운 영양을 자신이 소화해 내는데서 이루어진다. 문화전통의 발전적 성장은 기존 전통에 대한 투명하고 투철한 주체성이라는 토양을 지속적으로 일구어 낼 때만 가능하다. 폐쇄적, 배타적 거부가 아니라 개방적 수용과 현명한 선택에 의한 주체적 소화가 필요하다.

중요한 것은 우리 자신의 개성 있는 보편적 가치창조 작업이다. 창조 작업은 활발한 세계교류 속에서도 주체성의 확립 속에서 이루어져야 한다. 주체성이란 민족의 생존과 역사의 보전 속에서 세계인과 공생공영하는 것이다. 세계사 속에 자주적으로 노력한 민족은 융성했으며 주체성을 상실한 민족은 스스로 운명을 개척하지 못하고 역사의 개체로 전락하였다. 주체성이란 민족의 우월성만을 강조하는 팽창주의도 아니고 자기만을 고집하는 폐쇄주의도 아니다. 자기를 알고 자기를 지키는 올바른 자아확립이 주체성이다.

자아확립이란 자율성과 자발성을 뜻한다. 우리에게 가장 요구되는 것은 나와 민족을 동질적이며 일체적으로 사고해야 한다는 것이다. 그런데 입으로는 세계화를 이야기하면서 이웃나라 정치인들이 하고 있는 윤리의식은 아랑곳하지 않는 그들의 저의는 무엇일까? 지금 우리는 부패보다 더 위험한 부패의 불감증에 걸려있는 것 같다. '모두스비벤디'로서 생겨난 불감증은 정말 고치기 어렵다. 무책임속의 행동으로 나타난 부패의 불감증은 빨리 치료되어야 하고 이것을 치료할 수 있는 약은 윤리의 회복뿐이다. 우리의 일상을 순화시키고 성실한 인간성을 회복하기 위해서 윤리의 회복은 원리에게 순수함을 줄 것이고 그 순수함은 윤리에 대한 신념 즉 선비정신에 대한 신념을 줄 것이다.

정치가는 국민의 지도자요, 정예분자이며 어느때나 민중의 대변자이다. 항상 미래를 바라보기 때문에 역사와 대결해야하고 국가와 국민의 운명을 두 어깨에 짊어지고 있기에 행동에 대한 책임을 져야한다. 행동에 대한 책임은 엄중한 윤리 속에 있으며 윤리를 지향하는 행동은 두 가지의 근본적으로 다른 대립적 원칙 속에 있는데 하나는 심정윤리이고 또 하나는 책임윤리이다. 심정윤리는 무책임성을 수반하고 있으며, 책임윤리는 무심정성을 수반하고 있다. 심정과 책임을 함께하는 윤리의 실천은 어려움이 따르는 것은 당연하다. 그러나 정치가는 민중의 지도자이기에 어느 쪽 만을 택하는 것이 아니고 대립적 두 가지 윤리를 실천해야 한다.

특히 우리가 지향해 온 생활원리는 선비정신이었다. 선비는 충절과 신의를 실천하는 도덕적 인격체이며 역사의 발전에 이상을 심어가는 피어나는 꽃이요, 열매이다. 도끼자루를 쥐고서 도끼자루를 만들 나무를 자르면서 도끼자루의 길이와 굵기가 얼마나 될까 하고 걱정하는 우를 범해서는 안된다. 선비정신이 바로 내 마음속에 있거늘 다른 곳에서 찾으려는 어리석음이 심정윤리의 상실이며 떡값이네, 사례비네 우기는 것은 책임윤리의 상실이다. 생활의 가치를 위하여 화합하고 부정한 요소는 배격하며 전 근대적인 사고를 용납하지 않고 비민주적 행태를 배제하면서 조화와 관용의 미덕을 존중하는 밝은 마음으로 살아가는 것이 우리가 지향해 온 선비정신이다.

부덕한 자가 부적한 소행을 행하였으니 어찌 누구의 잘못이라 흠을 이야기 할 수 있으랴. 안경 너머로 흐릿한 모습을 보고 본래의 모습을 보지 못한 부적한 내 탓일 뿐이다.

1990. 7. 20. 대전일보

62 유신 이념과 라이언스 이념

우리의 민족사는 꾸준한 끈기와 자주성 그리고 근면성으로 이어왔으며 우리 한민족의 스스로의 힘에 의한 정통성으로 이어져왔다고 생각된다.

예로 한사군의 400여년의 침입과 13세기경 몽고군의 40여년의 침입, 17세기경 조선조의 對 淸관계의 불평등속에서 북방민족에 의한 곤욕, 그 외 1천여의 작고 큰 우여곡절 속에서도 정통성을 지켜왔으며, 근래 36년간의 일본의 헌병과 경찰에 의한 통치 속에서도 우리는 주체적인 의식 속에서 광복을 기원하며 투쟁의 역사를 기록하고 있다.

빅톨위고는 "인간은 태어나면서부터 전쟁의 연속 속에 살고 있다."라고 했듯이 우리도 전쟁 속에서 생활하고 있었고 또 앞으로도 그렇게 생활하게 될 것이다.

인간의 전쟁은 인간과 자연과의 전쟁, 인간과 인간과의 전쟁, 인간과 자기

자신과의 전쟁 등으로 나눌 수 있으며, 인간과 자연과의 전쟁은 가난과의 싸움이요, 인간과 인간과의 전쟁은 사상과의 싸움이며, 인간과 자기자신과의 전쟁은 이기심과 분열의 싸움이라고 생각한다.

우리는 이런 세가지 싸움에서 승리하여 당대 뿐만 아니라 조상과 후손에게 숭배의 유산으로 물려줄 수 있을 때 이것은 곧 유신이 생활화 되었다고 할 수 있을 것이다.

그러면 이 세가지 싸움의 승리의 비결은 무엇인가?

첫째로 자기자신을 알아야 한다. 자신이란 주체적 자아와 상황적 자아로 구별하여 이야기 할 수 있다. 주체적 자아란 자존심, 주인의식, 책임의식, 사명감을 낳게 하며 상황적 자아란 환경속에서의 자아를 가리킨다. 근검 절약, 국가적 자원의 환경, 생산의식, 현실 직시의 의식 등 목적의 상황속에서의 자아를 발견했을 때 우리는 승리할 수 있는 것이다.

둘째로 싸울 수 있는 투지(의지)가 있어야 한다.

생즉필사, 사즉필생(生則必死, 死則必生)이란 말과 같이 죽기를 무릅쓰고 싸울 때 우리는 승리 할 수 있을 것이다. A. H. Maslow씨는 '투지란 생존 안전의 욕구로 발현되며 이를 위해서는 국력이 배양되어야 되고 정신혁명을 일으켜 자기완성을 하여 이상과 목표가 합치됐을 때 우리는 싸움에서 이길 수 있다'고 하였다.

셋째는 국력배양의 가속화와 조직화에 있다고 하겠다.

국력배양을 위한 총력안보 속에서의 직무의 충실과 고도의 경제성장을 위한 산업의 발전이 곧 승리할 수 있는 길인 것이다.

넷째로는 이상추구의 의식이다. 즉, 사랑과 능률의 이념속에서 민주적 이념을 더하여 새마을운동 추진과 총화단결한 정신혁명이 곧 이상추구의 의식인 것이다. 노인과 부녀자에게 차례를 양보하는 것은 사랑의 이념이요, 나보다 더 바쁜 사람에게 또 더 중요한 직무에 종사하는 사람에게나 더 높은 직책속에서 일하는 사람에게 차례를 양보하는 것은 곧 능률의 이념이며 차례차례 질서를 유지하는 것은 민주주의 이념인 것이다.

이런 네가지 승리의 비결을 가지고 전쟁에 임할 때 우리는 꼭 승리할 수 있을 것임을 확신한다.

그러면 여기 총화유신이란 무엇인가를 알아보자.

총화란 한 몸이라는 뜻이다. 머리도 하나요, 몸도 하나라는 것이다. 머리는 둘이고 몸이 하나인 기형아가 있다면 몸은 어느 쪽 머리를 따라서 움직일 것인가? 우리는 머리를 지로 표하고 몸은 실천으로 표현한다. 그렇다면 아리스토텔레스의 말과 같이 "아는 것보다 실천하는 것이 힘이다"라고 하는 말은 곧 이 기형아의 경우가 될 것이다. 머리가 둘이니 남보다 두 배를 많이 알지만 그러나 몸은 어느 쪽을 따라서 움직일 수 없으니 실천은 전혀 없는 것이다. 그러기에 몸도 하나요, 머리도 하나인 정상적인 사람으로서 곧 아는 것을 실천에 옮기는 사람이 되자는 것이다.

유신이란 유지할 것은 유지하고 고칠 것은 새롭게 고쳐 나가자는데 본뜻이 있다고 하겠다. 무조건 아무것이나 고치는 것이 아니고 고질적이고 악습이던 것은 새롭고 능률적으로 고치고, 좋은 것은 더 개발하고 다듬어서 계승하자는데 본뜻이 있다고 하겠다.

이런 뜻을 가진 총화유신이 생활화와 Lion의 이념은 어떠한 관계가 있는가를 살펴보고자 한다.

첫째, 집단속의 생활이다.

여러 집단속에서의 나의 임무를 말한다. 직장, 가정, 단체, 기타 여러 집단속에서의 나를 말한다. 우리는 이것을 Role-Set라 칭하는데 하나의 활동은 다른 집단속에서의 역할과도 연관이 된다. 내가 하나의 집단에서 나의 임무를 완성하지 못했을 때 이는 다른 집단에서도 맡은 임무 완성에 어려운 점이 있게 된다. 그러기에 성경에서도 "작은 일에 충성한 자는 큰 일에도 충성한 자"라고 말했다고 생각한다.

우리는 여기에서 Lions Club이라는 집단을 생각하여야 한다. We Serve란 목표 아래 모여 국가와 사회에 봉사자로써의 역할을 다하고자 모인 우리가 이 집단, 즉 클럽 속에서의 맡은 직무를 다하지 못하고 윤리강령을 지키지 못했을 때 우리는 하나의 집단속에서의 나를 잃어버린 것이다.

둘째로 직위에 따른 활동범위이다. 아버지는 아버지로써 아들은 아들로써의 직분은 지켜야 한다는 것이다. 우리는 이것을 Positional Field라 부르며 각기 처해있는 직위에 대한 활동범위를 망각하지 말고 맡은 바 직분에 충실하자는 것이다. 이것은 곧 라이온스 헌장에 잘 나타나 있으며 돌아가며 회장단 밑 이사로 일해야 하는 우리 라이온들에게는 대단히 중요한 의미를 갖게 되는 것이다. 재무가 총무의 일까지 한다거나 직전 회장이 현회장을 무시하고 회장의 일을 한다면 이것은 곧 Positional Field에 어긋나는 것임을 알고 맡은 일이 작은 일이건 큰 일이건 직무에 충실하여야 할 것이다.

셋째로 환경의 요구에 대한 기대이다. 나를 둘러싼 환경이 나에게 기대하는데 따른 나의 행동적 역할을 하자는 것이다. 지도층에 있는 한 사람이 주위의 어떤 사람으로부터 불미스런 일이 있었다면 이는 환경의 요구를 버린 것이며 솔선수범하여 불미스런 일이 일어나지 않도록 예방하고 또 계몽하여야 할 지도층 인사는 바로 정부에서 시행하고 있는 서정쇄신의 대상자인 것이다.

여기 우리 Lion은 누구나 환경의 요구에 의한 기대를 가진 사람들이다. 각계각층의 전문 직업을 가진 인격자들로 구성되어 있는 바 우리는 충족치 못한 환경 속에서 충족을 목표로 하면서 환경이 요구에 만족을 줄 수 있도록 하여야 할 것이다.

넷째로 자기 개인의 목표와 속해있는 조직의 목표와의 밀착이다. 자기 개인의 목적만을 위하여 조직을 버린다면 이는 질서의 파괴이며 분열의 조장이며 배신의 길이다. 이기적인 사고는 곧 국가와 사회를 배신하는 길이라는 것을 생각하고 나의 목표는 국가적 차원에서 또 사회적 차원에서 다루어져야 하며 그곳에 가깝도록 근사치를 구하여 밀착될 수 있는 길을 모색할 때 곧 유신의 생활화를 기하는 것이며 Lionism을 실천하는 것이다.

여기 우리 Lion은 헌신적인 일을 하는 성심을 가지고 국가와 민족 사회에 봉사할 때, 우리는 우리와 조직에 밀착될 수 있을 것으로 생각한다.

결과적으로 유신이념의 생활화는 곧 Lionism의 생활화와 꼭 같은 것이며 우리가 우리 자신의 목표를 국가적인 목표에서 행동할 때 Liverty Inteligence Our Nations Safety는 이루어지고 우리의 클럽과 국가는 더욱 발전될 것임을 믿어 의심치 않는다.

The Lion in Korean. March, 1977. 제31호

63 어린이의 사고력을 길러주자

인간의 감정은 아주 어렸을 적부터 나타나기 시작하여 나이가 들어감에 따라 이성 본능으로 구별되고 외부적으로는 성인일수록 이성만 나타나게 된다. 그러나 간혹 이성 본능에 물리어 다시 합쳐진 감정으로 변하여 정상적인 사고력을 저버리게 된다. 이렇게 본능이 이성을 누르게 되는 원인은 여러 면으로 구분되겠으나 우선 유전적인 요인에 의한 면에서도 관찰될 것이고 외부의 환경에 의한 면에서도 관찰될 것이다. 그러나 여기서는 어린이의 발육과정에서 외부적인 환경의 충격적인 면을 관찰키로 한다. 어머니가 잘못을 저지른 어린이에게 혼을 낼 적에 매를 들었다고 가정하자. 매를 맞은 어린이는 매에 대한 정신적 공포증을 갖게 된다. 또 성장했을 때 잘못을 저지르는 어린이를 보면 매를 들어 때리게 되는 요인을 잠재적으로 갖게 될 것이다. 이때 어렸을 때 받은 매에 대한 공포증이 순간적인 다른 충격과 합쳐졌을 경우 이

어린이는 우리가 상상도 할 수 없는 엄청난 일을 저지르게 된다. 즉 한번 어머니로부터 매를 맞은 것이 몸속에 잠재적인 매의 공포증으로 남아있다가 이것이 전혀 다른 방향에서 다른 일로 나타날 수 있는 것이다.

어떤 어린이는 매로 인한 충격으로 정상 어린이에 비해 신경질이 많게 될 것이고 또 그 신경질로 인하여 신경성인 병을 유발하게도 될 것이며, 이것이 잠재해 있다가 사춘기나 청년기에 탈선하는 경우로 나타나기도 할 것이다.

그러니 어머니는 아이들의 잘못을 보았을 때는 매보다는 정으로 잘못을 깨우쳐 주어야만 한다. 또 요즈음 사회에서 일어나고 있는 많은 청소년들의 사건은 우선 그 가정을 살펴보아야 한다. 그 책임은 국가나 사회가 지기 이전에 먼저 부모가 져야 한다는 이론이다. 다시 말하면 사고를 일으킨 청소년은 성장과정에서 부모로부터 받은 어떤 충격 때문에 그것이 잠재하여 있다가 표현된 방법일 수 있다는 이론이다.

부모라 해서 권위와 명령으로 아이들을 다스린다는 것은 어린이의 발육에도 지장을 가져오는 것은 물론이려니와 더욱 큰 문제는 성장과정에서 탈선을 하도록 유도하는 결과가 된다. 그렇다고 청소년들의 잘못이 전부 부모에게만 있는 것은 아니다.

사회의 등불이 되고 있는 매스컴에서도 많은 충격을 받는다. 예를 들어보면 74억원을 부정대출한 박모씨의 이야기를 매스컴을 통하여 들은 청소년들은 과연 무엇을 어떻게 느꼈을까? 잘못을 저지르면 법에 의해 처벌 받는다는 지극히 당연한 논리 외에는 그 중에 어렸을 때 부모나 또는 다른 외부환경으로부터 받은 잠재적인 충격을 가진 청소년에게는 '그 일은 대단히 잘못된 일이다.'라는 극히 정상적인 면만을 느꼈을까 하는 점이다. 또 인질사건이 한창일 때 그것이 연속적으로 일어나는 것은 왜 그럴까? 순진하고 착하던 학생이 갑자기 택시강도로 변했을 때 그것은 웬일일까? 물론 잠재적인 요인이 있었기에 그것이 외부적으로 나타난 것이긴 하지만 그런 일을 저지르는 수법이 같은 것은 너무 자세히 보도에만 열중하는 매스컴의 영향이라고 하지 않을 수 있는가! 이번 어린이 주간을 맞아 우리는 서로가 선도라는 점을 유의해서 생각한다면 기사의 빠른 전달에만 힘쓰는 매스컴이나 명령과 권위로만 다스리는 부모님들은 많은 반성을 해야 할 것으로 안다.

즉, 어린이의 잘못을 보고 꾸짖기 전에 이것이 성인이 된 우리들의 잘못인 줄을 알고 정성어린 선도가 요구되는 것이다.

충남일보 1974. 5. 12일자

64 소년범죄와 유전

유전현상을 통해 알아보면 어떤 생물이든지 그 자손은 양친 부모로부터의 형질을 유전 받는다. 따라서 요즘 흔히 일어나는 청소년들의 범죄성, 방탕성에 관해 유전현상을 연관시켜 보는 것도 어떤 의미에선 흥미있는 일이라 생각된다.

룸·보로조의 생래범인설에 의하면 인간은 태어날 때부터 생긴 형태에 따라서 범죄인이 되지 않으면 안 될 숙명이 있다고 한다. 즉, 광대뼈가 불쑥 튀어나왔다든가, 귀 모양이 서로 다르다든가. 주걱턱을 가졌다든가 하는 자는 방화범, 강간범, 살인범 등이 되기 쉽다는 것이 그 예이다. 결국, 그 가계는 범죄형으로 구성되는 것이다. 또 듀크의 가계설과 스탄의 인류유전학에 의하면 방탕성은 그 유전자를 가지고 태어나는(정상인 사람과 방탕성의 인자를 가진 사람과는 방탕성이 우선임) 사람에게 달라붙는 것이다. 내일을 위하여 근면하고 성실하며 명랑하여야 할 청소년들이 할 일 없이 거리를 방황하고 타인과 시시비비하며 맡은 일에 성실치 못하고 우왕좌왕하고 도가 지나치면 범죄까지 저지르게 된다면 방탕아가 되는 것이다.

또 요즘 유전학에서는 태교를 인정하고 있는 학자가 많아졌다. 임신 중인 어머니가 불안해하거나 범죄를 저지르면 태어나는 어린이는 모체 내에서 어머니로부터 받은 불안한 마음으로 인해 정신이상이나 신경쇠약에 걸릴 소인을 갖게 되며 범죄를 저지른 불순한 성질을 받아 태어나게 된다는 것이다. 그러나 이런 모든 유전현상이 과연 얼마나 완전하게 성립이 되고 있는가 하는 것은 아직도 미지수로 남아 있다. 여기서 우리가 알아야 할 것은 유전은 일반적인 통계이지 절대가 아니라는 점이다. 단순한 동물이나 식물에서는 유전의 절대가 성립할 수도 있다.

그러나 인간의 유전은 염색체상에 유전인자가 대단히 복잡하고 자유교배를 할 수 없으며 일대에 요하는 기간이 대단히 길고 부모로부터 생기는 자식의 수가 적다는 점에서 유전을 조사연구하기가 대단히 어렵기 때문에 일반적인 통계에 의해서 추측하는데 불과한 것이다. 그러기에 롬·보로조의 생래범인설이 결코 성립하지 않으며 듀크나 스탄의 학설이 성립하지 않을 수도 있다. 그것은 외부적인 환경요인이 작용하기 때문이다. 외부적인 환경요인에는 여러 가지가 있다. 영양 상태, 연령(호르몬)온도, 그 외 가정적인 부분과 지적수준 등이 있을 것이다.

이런 환경요인의 변화에 의하여 유전이 전혀 성립되지 않고(표면형이) 오히려 정상적이며 근면하고 성실한 인간이 되는 경우도 많이 있는 것이다. 요즘의 세대의 변화는 날마다 변하는 것이 아니라 시간마다 변하며 효자며 선행만을 하던 청소년이 돌연적으로 범죄를 저질렀을 경우 이것이 과연 유전적인 소인을 가지고 있어서일까? 오히려 그보다는 현사회의 구조가 악행을 하도록 유도하고 있는 것이 아닐까 생각 된다.

1972. 10. 26. 중도일보

65 내가 만난 은사

– 청주에서 낙선한 정태성 의원에게 드림

"닿으면 시릴 것 같은 푸르디푸른 달빛 – 이면서도 실상 뜨락에 한발 딛으면 얼굴에 가득히 부어져 그 정겨운 달의 빛살, 창호지에 연연히 배어드는 것은 감추어진 정의 따사로움이다. 그러기에 때로는 소복여인의 슬픔이 푸른 빛에 묻어나고 때로는 취객의 홍취가 그 빛에 높아진다." 인격의 척도를 잴 수 있는 측량기구가 없는 이상 나는 한사람의 생활방식에 느껴지는 감동을 이렇게라도 표현하고 싶어진다.

그분은 크게 이루시겠다는 뜻에서인지 이름도 성씨, 세월이라는 것이 두께를 의식할 만큼 흐른 뒤에 오랜만에 뵙게 된 어른이시었지만 나는 한꺼번에 많은 것을 배워버린 제자가 된 것이다. 그분은 학의 풍모라실까 아니면 바다의 일부분이 되고자 담담하게 자기의 작은 골짝을 조용히 누비는 시냇물의 흐름이랄까, 소탈한 그분의 주름살이 세월을 나에게 심어준다. 그분의 주름살엔 사악의 그림자가 없으시다. 인생의 고난을 헤쳐 보시려고 애쓰신 그분의 인생을 나는 위대하게 말하려 한다. 이랑이 있다. 씨만 뿌리면 무성히 자랄 듯싶은 좋은 밭이랑, 주름이 바로 그분의 생의 철학적 의미를 내포한 듯 보인다. 그분에게선 군화(群花)의 요란스러운 것이 아닌 소박한 솔향기를 느낀다. 남에게서 홀로 뛰어나겠다는 독야청청의 지고도 없다.

솔(松)이되 사뭇 잡초를 허락하고 뭇 잡목의 생존을 넓은 관용으로 받아들이며 불혹의 연세에서 낙조의 인생으로 접어들고 있다. 그분에게서는 향나무가 깎아질 때 스며드는 은은한 향내음이 있다. 오랜 세월 살다보면 인간은 각기 자기 나름대로의 인격의 향기를 갖게 된다. 나는 그분의 향과 같은 인격을 숭배한다. 나는 그분의 질그릇과도 같은(실례의 표현일지 모르지만) 투박, 간명하심을 경모한다. 주관의 모짐이 없고 원만하시되 利(리)가 결여된 원만은 아니시다. 리(利)하시되 무한히 남을 품어 아끼시는 정의 소유자이시다. 정의 소유자이시되 부정에는 잔혹하리만치 비정한 분이시다. 결코 권세만을 탐하여 엿보지 않으시고 평생 신조이신 약자보호, 정과 의, 그리고 희생의 순결한 마음가짐으로써 세의 의검을 휘두르려 하신 분이다. 두 번의 국회생활을 하시고 세 번째에 낙선을 하셨지만 그분은 늘 그것을 자신의 거울로 삼고 계신 듯하다. 아직 자택 한 칸 소유하지 못하셨지만 조금도 조급해 하시지 않는 헌앙한 기질을 가지신 분이다.

물질보다는 정신을 기초로 삼는 제2경제건설에 매진하여야겠다는 것이 그분의 신조이고 보면 수긍이 간다. 남으로부터 터무니없는 비방과 고언을 듣고서도 굳이 변명하지 않으실 정도로 활달하신 분이다. 사재를 털어 지역 사회개발에 투자할 만큼 조국발전에의 정열과 청빈을 가지신 분, 참으로 나는 이같은 그 분의 품격에 머리를 숙인다. 내 직업이 선생이지만 그 분 앞에서 한 사람의 학생으로 진심으로 정복의 예를 갖추고 싶어지는 것이다. 지식의 경애를 위한 왕래는 없었지만 그분에 대한 생각만으로도 나는 늘 가르침을 받는 셈이니 그분은 행동으로 보여주시는 나의 영원한 스승이 되어 주시리라 믿는다. 이것이 나의 편견이 아님을 적어도 나는 자신 스스로에게 확신할 수 있음을 기뻐한다. 참다운 인생의 스승을 얻는 일이 어찌 그리 쉬울까보냐!

1971. 7. 7. 대전일보

66 페리아고계적 변辯

과학의 발달은 인간에게 나태와 사고력 저하를 가져오게 하였으며 어려운 문제는 컴퓨터에 물어 해결하려 한다. 과학의 궁극적 목적이 생명현상의 규명에 있기에 생명의 신비를 벗기기 위하여 많은 노력이 진행되어 왔다. 오늘날 생명의 기원은 진화적으로 설명하고 있고 진화학은 종의 기원이라는 다윈의 이론에 근거를 두고 있다. 생물은 생식을 통하여 조상으로부터 유전 받아 그 생물의 특성을 유지하지만 오늘날 지구상에 있는 수많은 생물의 종류가 제각기 따로 조상을 가지고 있다고 생각 할 수 없다. 그래서 많은 세월이 지나면서 지구의 역사와 함께 자연법칙의 테두리 안에서 먼저 생겨난 종으로부터 새로운 종이 형성되었다고 생각케 된다. 즉, 모든 생물은 하나의 조상에서 유래하며 저차원에서 고차원의 방향으로 형태와 기능을 가진 생물로 발전하여 지금처럼 다양성을 갖게 되었다. 따라서 모든 생물은 공통의 조상을 갖게 되었고 서로 류록관계(類緣關係)가 있으며 형태적으로나 기능적으로 공통적인 기본형을 찾을 수 있다. 사람과 원숭이는 공통조상으로부터 갈라져 나왔기 때문에 서로 비슷한 형질을 갖고 있다. 그러나 진화론이 동식물의 발생, 변천과정만을 나타내지는 않고 우리나라에서는 민족사상, 독립사상을 불어넣기도 했다.

한편, 진화학이 발달되기 이전에는 자연발생설이 유력시 되었는데 중국에서는 고대로부터 열과 온기로부터 여러 가지 곤충이 나온다고 믿었고, 인도의 경문에는 땀과 분에서 여러 기생생물이나 파리, 갑충이 나온다고 했으며 고대 이집트에서는 나일강의 홍수가 있은 후 부식토층이 햇빛으로 더워지면 생물이 생기는데 개구리, 두꺼비, 뱀, 쥐 등이 발생한다고 믿었다. 이러한 이야기는 중세에도 그리고 그 후에도 많이 퍼져있었는데 이론적 근거는 신화와 전설이었으며 인도, 바빌로니아. 이집트 등지에 많았다.

그러나 밀레토스학파를 위시하여 에피쿠로스, 스토아학파에 이르는 그리스의 많은 자연철학자들은 자연발생설을 인정하였지만 신화적 개념에서 벗어나 철학적으로 해석하려 하였다. 이러한 관념은 데모크로토스(BC460-370)의 기계론적 성격을 띄게 되었고 BC 5세기경 류키포스의 원자론을 발전시켰다. 이보다 100년 전 에피쿠로스는 진흙이나 먼지로부터 구더기나 그 밖의 많은 동물이 자연 발생하였는데 이때 영적 원천은 관여하지 않는다고 하였으며 그 영혼 자체도 물질적인 것이고 미끄러운 원자로 되어있다고 했다. 또한 아무것도 없는 공간에서 원자의 기계적 결합이 여러 가지 물질로 더욱 생물의 생성에까지 유도한다고 했다. 플라톤은 직접 자연발생의 문제를 다루지는 않았지만 그의 일반적인 철학적 견해는 동식물은 생명이 없고 불사의 영혼이 그 속에 들어가므로 활성화 한다고 믿었다.

이러한 플라톤의 생각은 아리스토텔레스에 의해서 반영되었고 이는 중세 문화의 기초를 이루어 거의 2000년 동안 여러 민족들의 지식을 지배했다. 아리스토텔레스에 의하면 생물은 자기와 동류인 것으로부터 나오지만 그 밖에도 생명이 없는 물질로부터 언제나 발생하여 왔다고 하였다. 신플라톤학파의 지도자 프로토니스(205-270)의 '생명창조의 영혼', 신학자 아우구스티누스(354-430)의 '영의 종', 아리스토텔레스주의 대표자 알베르투스의 여러 별의 '賦活力(부활력)' 등 많은 학자들이 영적 개념을 자연발생설에 첨가하였다.

생명의 자연발생설은 그 후에도 밀과 땀에 젖은 내의를 같이 두면 21일 만에 쥐가 발생한다는 실험으로 판헬몬트에 의해 더욱 정립되었다. 그러나 레디(1626-1698)의 실험에 의해 자연발생설은 전환점을 이루게 되며 뿌셰, 스파란쟈니, 파스뛰르 등의 실험으로 생명의 발생이 자연발생이 아님을 증명하기에 이른다.

그 후, 신화적 개념으로 창조설이 나와 유일하신 신이 생명을 창조한 것으로 믿게 되고 창조설을 비방하거나 부정하는 자는 신에 대한 모독으로 어려움을 당하다가 다윈의 종의 기원이 발표된 후 진화의 개념이 나타나기 시작했다.

이 진화론은 동식물계에만 이용된 것이 아니고 1820년경 학슬리는 인간사회에 다위니즘을 적용시켜 사회진화론을 성립하였으며 이로 인해 일반사상에는 큰 전환점을 이루게 하였고, 우리나라에서는1880년경 유길준이 모스로부터 지도를 받아 '경쟁론'이라는 저서를 펴내는데 진화의 개념을 직선적인 발전과 경쟁에 대한 개념으로 인식했던 것 같다. 그 후 '嚴復(엄복)'(1898)이 학슬리의 '진화와 윤리'를, '天演論'(천연론)이라는 이름으로 번역하였으며 1898년에 染啓超(염계초)가 '淸議報(청의보)'를 발간하므로 우리나라 지식인들이 진화론의 내용을 인식하게 되었다.

구한말시대 우리나라의 개화파들이 철학적 기반을 이룬 진화론은 사회진화의 핵심을 이루어 생존경쟁, 우승열패, 적자생존 같은 것으로 실제 다윈의 진화론은 일부만 강조되었다. 이 시대의 사상은 생명의 신비를 규명하는 자연과학으로의 진화론보다 일제하의 우리 국민의 의지를 깨우치며 독립사상을 고취시키는데 있었던 것 같다. 이때 진화론을 받아들인 지식인층은 신민우상을 주장하게 되었고 국민들의 역사의식이 고조되었으며 진화야말로 천지의 회칙인데 그동안 우리가 진화하지 못한 정체를 찾아야 한다고 하며 국민들은 각성하기에 이른다.

45억년전에 만들어진 지구 위에서 화학반응계의 진화과정은 원시생명을 태어나게 했으며, 그로부터 오랜 세월이 흘러 다양한 생물체가 지구에 존재하는데 고대로부터 아직까지도 생명의 신비는 그대로 남아있기만 하다. 우리의 조상은 어떤 형태로 존재하였고 과연 인간의 고귀함과 존엄성을 어디서 찾아야 할는지 그 뿌리의 규명은 우상적 해결보다 과학적 해결이 근본적인 가치를 더하게 할 것은 틀림이 없다. 그러나 과학의 오용이 플라톤의 페리아고게적 인간이 되어 사고와 사상의 발전에 퇴보를 가져오지는 않을지 페리아고게는 자못 염려스럽기만 하다.

1985. 7. 10. 충남교육

67 대학의 자율

대학 속에서 십삼사년을 살다보니 벌써 내가 이렇게 나이가 들었나 하고 생각케 된다. 한 번도 내 나이가 마흔을 넘었을 것이라고 생각해 본 적이 없었는데 창가에 내리는 눈을 보며 금년도 다 지났구나 하고 생각하다가 문득 하얗게 바래가는 이념을 쓰다듬는다.

상아탑 속에서 살아오면서 많은 것을 배웠고 느껴왔지만 그 중에서도 대학사회의 특수성은 새삼 느끼게 되고 특히 우리가 별나게 가지고 있는 종적 구조는 서열의식을 강하게 하며 잦은 평등반발현상을 가져오는데 이 잦은 평등반발현상은 우리 대학인들이 처방해야 할 중요한 과제중의 하나이다.

교수와 학생, 학생과 학생 사이의 관계는 일반사회의 그것과는 사뭇 다른 특성을 지니게 되고 그 특성이 대학의 사명이나 목표와 직결된다는 것은 특성의 발현이나 발전이 대학의 그것과 어느 정도 일치하고 있는 것을 말한다.

대학과 대학인이 갖는 특수성은 단순한 지식의 양적 전달이나 보수적인 체계의 만성적 움직임을 따라가는 것은 아니다. 그렇기에 미국의 교육학자인 Newman은 대학교육이란 사회의 지적 풍조를 불러일으키는 것을 목적으로 하여 공공정신을 함양하고 국민을 정화하여 대중의 열광주의에 대하여 참된 원리를 공급하며 대중의 열망에 대해서 확고한 목적을 제시하여 시대의 이념을 풍부하게 정화하고 사생활의 관계를 연속케 하는 것을 목적으로 한다고 『대학의 이념』이란 저서에서 밝히고 있다.

대학은 진리의 심연, 학술의 광범위하고도 정교하고 치밀한 응용방법을 배우는 곳이며, 또 국가를 위해 노력할 줄 아는 인재양성을 하는 곳이다. 대학은 지령을 내리지 아니하며 강의는 해답을 주지 않고 교수는 강요하지 않으며 학생들에게 학구적인 의욕을 자극하고 과제를 부여하여 스스로가 해결하기 위한 노력을 유도하고 모든 선택은 자기 스스로가 하게 하는 곳이다.

그렇기에 상아탑 속에 있는 모든 사람이 자기교육을 담당하게 되는 것이고 특히 교수는 소크라테스의 말과 같이 학생에게 산파의 역할 밖에 하지 못하는 것이고 그 이상은 해서는 안된다고 생각한다. 그러한 이유 속에서 대학의 생명은 자율에 있다. 개개인이 지니고 있는 개성에 의한 그러면서도 공익을 위한 사고력 속에서 민주사회가 요구하는 행위를 할 때 우리는 그 대학자체의 본질을 이해하게 되고 대학의 사명 속에 살고 있는 것이라고 느끼게 되며 그런 속에 자율이 인정되지 아니하고 자아중심적 태도나 계급적 서열이 작용한다면 강한 의식적 도발을 자아내게 될 것이다.

어느 집단이고 국가이건 사회이건 주도 세력은 있는 것이다. 그러나 그 주도세력은 평등 속에서 또 자율 속에서 이루어 질 때 존재가 가능한 것이지 종적인 서열을 너무 강조하다 보면 이것은 객관적 타당성이 없는 주관적 증오가 싹트게 되고 나중에는 증오, 시기, 모략, 질서파괴 등으로 나타나며 가치관의 판단조차 흐려지게 되는 것이다. 이로 인하여 인간관계가 불안정해지고 인간관계의 불안정으로 인해 반발의 역학작용을 일으키게 된다면 능률이나 효과면에서도 반비례적 현상이 유발될 것이고 이에 상관하는 개인의 창의성과 특수성은 나타나지 않게 된다.

대전실대학보

68 환영사

안녕하십니까, 한국애완(반려)동물학회 회장 김선균입니다.

오늘 동물간호사자격시험에 합격하여 각 분야에서 맡은 소임을 다 하고 있는 여러분들을 뵙게 되어 너무나 반갑고 기쁘기 그지없습니다. 이런 좋은 기분만으로도 즐거운데, 한국동물병원협의회에서 주최하는 동물간호사 컨퍼런스에 환영사를 하게 된 것을 영광으로 생각합니다. 이렇게 성대하게 컨퍼런스를 개최하기가 그리 쉽지만은 않았을 텐데, 한국동물협의회 강종일 회장님을 비롯한 행사에 관련된 모든 분들에게 고생하셨다는 인사를 먼저 드리고 싶습니다.

돌이켜보면 한국애완(반려)동물학회가 발족한 지도 어언 3년이라는 세월이 흘렀고, 현재 약 50여개 대학에 애완동물관련 학과가 설치되어 있다는 것을 고려할 때 사회적으로 많은 분야에서 이 계통의 졸업생들의 요구가 있다는 것을 의미하며, 이에 학회 설립은 연구 또는 졸업생들에 대한 진로모색, 사회 각 분야와의 연계에 큰 의의가 있다고 생각합니다. 우리 학회에서 작년 11월 12일에 치른 그루머 자격시험은 벌써 5회째로 220여명이 배출되었습니다. 지금까지 사설단체에서 몇 십 만원씩 응시료를 내며 그루머 자격시험을 보던 것을 우리 학회에서는 몇 만원으로도 그 자격증을 취득할 수 있다는 것은 학생들의 자격을 학회, 즉 대학에서 인정하며 응시료의 거품을 뺐다는 것으로 그 의미가 크다고 할 수 있습니다. 이것만이 아닙니다. 2회째를 맞은 동물관리사자격은 학회에서 인정하는 과목을 이수함으로써 동물을 관리할 수 있는 자격을 취득하는 것으로 현재 그 자격을 취득한 사람이 700여명에 달하고 있습니다.

2005년 1월 15일에 실시되었던 제1회 동물간호사자격시험에 이어 2005년 11월 19일에 치른 제2회 동물간호사자격시험 과정을 보면 여기에 오신 여러분들에게 아주 유익한 내용들이 많습니다. 하나라도 더 귀담아 들어 실전에 응용할 수 있길 바랍니다.

아무쪼록 이번 컨퍼런스가 동물간호사인 여러분들의 많은 정보교류와 대화의 장이 되길 희망합니다. 앞으로 이런 모임이 거듭날수록 더욱 발전된 컨퍼런스가 될 것으로 확신합니다.

끝으로 건강하시고, 동물간호사 여러분의 학문적 발전을 빕니다. 더불어 이 컨퍼런스가 계속 발전하기를 기원하면서 환영사를 대신합니다. 감사합니다.

2005. 4. 1. 동물간호사 1회 보수교육

69 교육, 이것을 바꾸자

프랑스는 베트남을 지배할 때 학교의 운동장을 없애 식민지 국민의 체력을 떨어뜨렸다. 흑인 인구가 점차 증대하는 미국에서 흑인의 사회적 역할이나 그 영향력이 크지 못하고 있는 것은 교육 기회가 적기 때문이라는 비판을 차치하고라도 일제강점기의 우리 교육은 기회가 적었을 뿐 아니라 일본문화 중심의 교육이 광복 59년을 맞은 지금도 이 사회의 구석구석에 그 잔재를 남기고 있다. 이는 미래 우리의 후대에까지 미치는 무섭고 엄청난 것임에도 불구하고 당장의 문제가 아니라 해서 물, 공기의 필요성처럼 잊고 있지나 않은지 재고해 볼 일이다.

후대에까지 영향

오늘날 학교라는 교육의 중심체제는 상급학교 진학의 한 과정으로 지식전

달의 시장으로, 고위 행정기구의 하위조직으로 전락하여 교육 본연의 목표는 책상위에서만 머물고 있다. 무엇이 어떻게 어디에서부터 잘못되고 있는가 하는 문제들을 많은 전문가들이 얘기하고 있지만 실행에 옮겨진 것이라는게 고작 대입제도 개선방안 정도이고 그것도 만족할만한 제도로 정착하고 있지도 못하다.

더구나 정보사회로의 급격한 이행은 교육목표나 교육수요가 다양성을 필요로하고 있음에도 불구하고 그것에 대해서는 전향적 변화가 보이지 않는다. 경제적 측면에서 1만달러 소득시대, 선진국 진입시대라고 흥분하고 있으나 과연 교육이 이 상태로 그것을 뒷받침하고 지속적 발전의 기틀이 되겠는가 하는 것도 의심스럽다. 이런 때에 가장 중요하면서도 등한시 하고 있던 문제를 짚어보는 것도 의미있는 일이 될 것이다.

첫째는 교육에 대한 인식의 전환이 필요하다. 우리 국민들의 교육열이 세계적으로 높다는 것은 주지의 사실이다. 그러나 그 열의의 바탕은 어느 교육기관에서 무엇을 배워야 하는 사회진출에 있어 세속적 의미의 출세를 할 수 있는가 하는 지극히 현실적이고 말단적인 것이라는데 있다. 이것이 바로 교육을 오늘의 상태로 유도해 온 주요 원인이라 할 수 있다. 교육은 재산과 명예와 권력을 가져다준다는 전통 유교사회적 사고가 깔려있는 한 아무리 제도나 체제를 개선한다 하더라도 결국은 제자리로 돌아가고 말 것이다. 물론 교육의 기능 중 그런 요소를 완전히 배제하는 것도 무리이지만, 그것도 배운 것을 사회에 환원하고 국가나 사회의 발전을 위해 봉사한다는 기본적 개념에서 비롯되어야 한다는 것이다. 사회의 구성원으로서 어떻게 다른 사람과 조화롭게 살아가야 하는가 하는 공동체의식, 상호공존하는 나의 역할은 어떤 것인가, 나아가서 민족과 국가는 나에게 무엇인가 하는 등의 자아관, 사회관, 국가관에 대한 교육도 뚜렷이 내세울 것이 없다. 학교 교육에서 그릇된 사회인식에 따른 요구 때문에 그렇게 할 시간도 여유도 없다. 그 결과 사회의 이쪽 저쪽에서 예기치 못했던 아니, 어쩌면 아주 정확히 예견되었던 불상사가 끊임없이 일어나고 있는 것 아닌가. 이제라도 교육이 인간중심, 사회중심 교육으로 초점이 맞추어지지 않으면 안된다. 최고의 전문가라 하더라도 나라와 민족이라는 공동체를 경시하고 개인적 정서도 피폐해 있다면 진정한 교육을 받았다고 할 수 없게 된다. 이런 생각들이 국민 의지로 형성될 때 비로소 교육이 제자리를 찾았다 할 것이다.

인식전환 급선무

둘째는 교육의 개방성과 투명성 확보이다. 교육정책이 경직된 사고로 획일적이고 통제 위주로 결정되어 폭넓고 적응력이 높은 교육 실행에 오히려 장애가 되고 있다. 편협하고 근시안적이며 졸속한 정책에서 오는 부작용은 경제적 시간적 손실일 뿐 아니라 그 세대의 인적 손실이라는 것을 주목해야 한다.

교육행정도 마찬가지여서 학교운영의 자율성이 부족하고 다양한 교육 프로그램을 제공하지 못하여 창의력과 다양한 자질을 배양할 수 있는 여건이 조성되어 있지 않다. 따라서 교육 공급자 중심의 경직되고 수직적이며 획일적인 교육만이 존재하게 되었다. 이것은 사회 진출에 있어서도 별도의 사회적응교육이나 훈련, 또는 사회 재교육이 필요한 이중적 교육구조를 갖게 되어 불필요한 손실이 일어나는 안타까운 상황이 되고 있는 것이다. 이 점에서 정부의 교육개혁안 가운데 학교운영위원회 제도의 도입은 교육의 폐쇄성에서 발생하는 여러 가지 문제를 부분적이나마 원만히 해결 할 수 있는 방안이라고 생각된다. 학교운영위원회가 정상적으로 운영된다면 학교교육의 자율성이 확장되고, 사회의 변화, 지역의 특성, 학교의 능력에 따라 적정한 교육이 이루어 질 수 있다. 다만 여기에는 교육의 기능과 역할을 이해하고 애착을 가짐으로써 그 책무성을 견지해야 한다는 전제조건이 있다는 것을 유념해야 할 것이다.

마지막으로 교육재정의 확충을 들 수 있다. 모든 여건이 조성되었다 할지라도 그것을 조직하고 운영하는데는 재정적 바탕이 튼튼해야 한다는 것은 재론의 여지가 없다. 그러나 우리나라의 교육재정은 다른 분야의 투자에 비하여 그리 높지 않다. GNP대비 교육예산비율로 미국7.0%, 독일 5.4%, 일본 5.0%와 한국 3.8%는 아직도 국가의 교육투자가 미약하다는 것을 보여주고 있다. 98년까지는 우리나라도 5.0%수준으로 끌어올린다는 정부 계획이 있다고는 하나 정책의 연속성에 대한 불신으로 그때 가 보아야 안다는 분위기이다. 현재도 교육시설이 노후했거나 근본적으로 부족하여 과밀학급, 2부제 수업이 있어 교육의 기본이 부실해지고 보조시설도 부족하거나 낙후되어 있고 실험·실습 기타 교육보조 재료 등도 적정수준으로 확보되지 못했다. 학생복지, 편의시설, 위생시설로 가보면 취약한 정도는 더욱 심하다. 이런 환경에서 인재를 양성하는 교육을 하고 있다는 것이 안타깝기만 하다. 교원에 대한 대우도 낮은 편이어서 우수인력의 흡수도 어렵고 현직 교원도 사기가 저하되어 책임감과 사명감으로 열기가 가득해야 할 교육현장이 실제로 그렇지 못한것도 유감스러운 일이다. 마땅히 교육재정을 확충해야 한다. 교육환경개산 특별체계의 도입, 정부의 교육재정 확대 등이 실행되어야 하며 연간 2조원에 달한다는 사교육비 제도권 흡수 등도 고려되어야 할 것이다.

재정바탕 튼튼해야

교육은 내 자식만을 위한 것이 아니다. 정책의 모양 갖추기에 들어있는 소도구도 아니다. 그것은 인간됨을 터득케 하고 삶의 지혜와 살아가는 방법을 가르치는 것이다. 당장 효과가 나타나지 않는다고 하여 구석에 방치해 두어서는 안된다. 이기심이나 기득권을 내세우지 말고 30년, 30년 후의 우리사회와 국가를 생각하자. 못난 부모와 못난 정부가 되어 큰 일을 작게 보는 일이 없도록 하자. 국민 모두가 진정한 의미의 교육에 대한 관심을 갖고 교육정책과 행정, 또 학교교육의 변화를 주시하며 바른 방향으로 이끄는 지속적인 노력이 그 어느 때보다도 주요한 시기임을 기억해야 할 것이다.

1995. 8. 24. 대전매일

70 여가 아노미 현상

여가의 이용은 현대인에게 중요한 생활문화로 발전하게 되었다.

프랑스의 사회학자 플라스티에는 그의 저서 『4만시간』에서 20세기말이 되면 인생을 60만 시간으로 보았을 때 그 중 일하는 노동시간을 4만 시간으로 보고 나머지 56만시간을 여가시간으로 보아서 이 시간을 어떻게 이용하느냐가 인간생활에서 가장 큰 숙제가 될 것이라고 경고하고 있다.

또한 총 수입 중에서 여가에 지출되는 비용이 프랑스 사람들에게서 1950년대에는 10%이었는데 1989년에는 25%로 높아질 것이라고 하였다. 20세기 말에는 활동시간 중 10%만 일하게 되고 나머지 90%는 여가로 남을 것이라고 예측하였다. 만약 여가시간을 슬기롭게 이용하려는 노력이 없다면 여가 아노미 현상이 올 것이 틀림없다고 경고까지 하고 있다.

석시여금(惜時如金)이란 시간을 아끼기를 금과 같이 하라는 뜻인데, 시간의 낭비는 생명의 낭비요, 시간의 존중은 생명의 존중이라는 면에서도 일하는 시간도 열심이어야 하지만 일하지 않고 남은 여가시간을 어떻게 보내느냐 하는 것이 중요한 과제로 인간 화복이 좌우된다 하여도 과언은 아니리라. 옛날 우리네 어머니들은 대가족제도 아래서 자동가사 제품인 전기 또는 전자제품이 없는 곳에서 그저 온몸으로 모든 살림을 하였다.

그분들에게 여가의 사용방법을 물어본다면 그 답은 "일하는 것이다"라고 답할 것이다.

여가의 잘못 이용으로 발생되는 많은 시민들이 있다. 어느 사모님(?)이 화투놀이를 크게 했다던가, 사교춤 그룹을 만들어 뭐가 어쨌다던가? 하여 현실은 플라스티에의 예측보다 훨씬 앞당겨 여가의 사용방법이 문제로 대두되고 있는 것 같다.

문명과 과학의 발달로 대폭 늘어난 여가시간을 어떻게 사용하는냐는 현대사회에 절대 중요한 사실인데도 여가를 늘어나게 하는 생활과학 문화는 많이 개발 또는 연구되는데, 여가를 현명하게 이용할 수 있는 여가과학 문화는 전혀 개발 연구되지 않고 있다.

열심히 쉬지 않고 먹이를 찾아다니는 개미를 잡아서 일정한 틀속에 넣고 살아가는데 필요한 먹이를 인공적으로 주었더니 5일만에 자기 발을 스스로 자르는 자해행위가 일어나고 1주일 후에는 상대방의 몸을 해치는 타해 행위가 시작 되었다는 보고가 있고 보면 임어당의 「鳥籠人間(조롱인간)」이 될 날도 머지않으리. 여가의 홍수시대를 맞아 여가의 공포로부터 해방될 진정한 여가문화의 개발에 우리 모두가 참여하여야겠다.

1989. 6. 19. 실대학보

71 그리운 내고향

동북쪽에서 흐르는 삼성천과 동남쪽에서 흐르는 계룡천이 내 고향 대평리의 젖줄인 금강으로 흘러 들어가고, 금병산과 꾀꼬리봉을 뒤로하고 탁 터진 대평들을 바라보면 산자수명(山紫水明) 바로 그것이다.

고향이란 조상들의 존영과 말씀이 살아 숨쉬는 곳이고 보면 과거속에서만 아름답게 수놓아지는 곳만은 아니다. 여름날 저녁 마당에 멍석을 깔고 짓궂은 모기를 피하기 위하여 모깃불을 피워놓고 떠오르는 둥근달을 쳐다볼 때 언뜻 헛간 위로 앞집 순희의 수줍어 고개 숙인 얼굴처럼 피어오른 하안 박꽃과 보름달과 같이 둥글둥글 떠 있던 박덩이리가 생각난다.

이때쯤이면 큰 기침을 두서너번 하시면서 참외망태를 옆에 끼고 사립문을 열고 들어오셔서 아직도 털이 덜 가신 참외를 "우리 착한 손자 먹어라"하시면서 건네시던 할아버지가 고향의 여름날 추억으로 되새겨 진다.

2일과 7일에 서는 대평리 장은 유명하다.

아직도 미곡시장과 우(牛)시장이 있으니 근방에서는 제일 큰 장으로 통한다. 장날엔 갖가지 곡식과 과일이 나오고 평소에는 없던 많은 종류의 물건장수들이 저마다의 물건을 팔기 위해 소리를 치며, 등에 북을 메고 발로 북을 차면서 노래를 하고, 바이올린을 켜기도 한다.

어릴적 장날의 구경은 장이 파해서 어둠이 올때까지 점심을 굶고서도 신기하고 재미있기만한 것이었다. 어쩌다가 어머니가 주신 10원으로 큼직한 눈깔사탕을 하나 사서 입안에 넣고 우물우물 빨아먹는 맛이란 다른 무엇과도 비교할 수 없는데, 지금의 어느 사탕이 그 맛을 낼 수 있겠는가.

옷을 모두 벗어던진 채 계룡천에서 귀 떨어진 얼기미(채)로 피라미를 잡으며 놀고 그러다가는 물속에 풍덩 뛰어들어 물장구치며 멱 감던 일, 뒷동산에서 긴 장대로 밤을 털 때 밤송이에 맞아 따끔한 아픔을 참으면서 맨손으로 밤송이를 까서 떱떨한 밤을 씹어 먹던 그때가 한없이 그리워짐은 이제 나이가 든 탓만은 아니다.

추운 겨울엔 초가지붕 틈새에 손을 넣어 참새를 잡았고 초여름엔 아무 밭에서나 밀과 콩을 뽑아 모닥불 피워놓고 콩띠기와 밀띠기를 하여 새까매진 얼굴을 생각하면 절로 웃음이 난다.

너무 오랜 세월 고향을 떠나 기껏 명절 때에만 가보는 내 고향 대평리의 그리움과 추억이 어찌 이뿐이겠는가?

자주 찾아뵙지 못하는 어른들과 많은 사람들이 고향을 떠났지만 아직도 고향을 지키며 열심히 살고있는 몇 남지 않은 어릴적의 친구들에게도 내일쯤은 무척이나 덥기만 한 여름철에 건강은 어떠한지 안부를 물어야겠다. 장마는 다가오는데 수해 피해를 받지 않도록 대비는 하였는지 진실한 마음의 글월이라도 보내야겠다.

대전일보

72 부채

한창이나 찌는 더위는 식을 줄 모르고 밀어닥친 일들은 한여름을 더욱 짜증스럽게 한다. 펼쳐놓은 책들 때문에 선풍기를 틀기엔 어려움이 있다. 애써 찾아놓은 페이지를 다시 찾게 하는 번거로움 때문이다. 몸의 각 부위에서 흐르는 땀을, 써 놓은 노트위에 무질서하게 떨어지도록 할 수 밖에 없다.

'산 위에서 부는 바람...'하고 읊조리는 노래도 시들해지고 그러다가 문득 생각이 나서 장롱 밑에 쑤셔 넣었던 부채를 꺼내 들었다.

부채를 생각하면 꼿꼿이 양반다리를 하고 독서에 열중하거나 담소를 즐기면서 가끔씩 땀을 식히게 위해 점잖게 위아래로 조용히 흔들어 바람을 일으키던 옛 선비들의 모습이 생각난다.

부채는 꼭 바람을 일으켜 시원함만을 느끼게 하는 것이 아니라 부채질 속에는 사색과 번민의 해결, 그리고 풍류와 낭만이 깃들어 있고 신의와 수분(守

分)을 생각하면서 진취와 조화, 중용과 삶의 의미를 음미하며 자기의 성찰을 하는 시간적, 공간적 여유의 기풍이 있는 것이 아닐까? 이런 부채가 문명의 이기에 밀려 지금은 TV 코미디프로에서나 볼 수 있게 되었다.

부채질을 하는 모양은 개인의 성격과 상통하는 점이 많으며 나라마다 모양이 달라서 그 나라의 국민성과의 일맥이 있는 듯하다.

중국 사람은 발을 쭉 뻗고 앉아서 발끝에 좌우로 부채질을 살살 하여 발끝에서부터 머리까지 더위를 식혀온다. 일본 사람들은 상의를 반쯤 걷어 올리고 배에다 아래위로 부채질을 하여 몸을 위와 아래로 식혀 나간다.

우리나라 사람들은 얼굴에다 상하좌우를 가리지 않고 부채를 마구 흔들어 우선 당장 흐르는 땀을 식히려 한다. 무엇이 그리 급한지 모르겠다. 없어서 가난했던 시절에는 빨리 땀을 식히고 또 일터로 나가야했기 때문이라고 이해를 해보지만 이제는 우리도 옛 선비들의 부채질 속에 담겨있는 오묘한 멋을 생각하며 좀 더 차분히 사색하고 생을 음미해 볼 때다.

낡은 것과 새것, 전통과 개혁, 보수와 혁신이 엎치락뒤치락 혼재하는 시대에 온고지신의 인식과 미래에 대한 사명감을 생각하면서 운치있는 부채질을 한 옛 선비들의 사상을 흉내라도 내면서 더운 여름을 시원하게 보내는 여유를 가져본다.

1991. 7. 13. 대전매일

73 天知 地知 子知 我知

장마철이 시작되었다. 우리는 그간 수해로 말미암아 많은 피해를 보아왔다. 그런데 일부 지역에선 아직도 작년에 입은 피해복구에 예산배정이 늦어져 이제 수해복구 작업에 들어갔다 한다.

이렇게 되면 시작된 장마에 피해지역은 또다시 피해를 받게 될 것이고 보면 이는 천재가 아닌 인재가 된다. 미리 막을 수 있는 것을 막연하고 과거지향적이며 비능률적인 사고 때문에 당연하여야 하는 주민들은 당연히 누군가를 원망하게 될 것이다.

직업이란 자기인생의 타당성이 입증되는 생활의 터전이며 인간이 아닌 신의 召命(소명)이다. 헌데 자기 직업에 대한 책임과 의무를 다하지 않고 혹시 전력을 지고의 가치로 삼는 풍토가 우리들 사이에 물들어 있는 것은 아닌가?

아무리 가치관이 정립되어 있지 않고 갈등과 부작용이 나타나는 사회라고 하지만 금력은 인간의 모든 가치기준이 될 수 없으며 그것이 미래의 꿈이 될 수도 없다. 또 그런 것을 알면서도 탁류에 따라 흘러가서는 더더욱 안 될 것이다.

여기 자기성찰을 할 수 있는 계기가 될 이야기를 보자.

후한의 임금 안제 때 양진이라는 관서지방의 출신으로 학식이 높고 청렴결백한 관리가 있었다. 이 사람이 궁중에서 승지로 있다가 태수로 임명되어 가는데, 날이 저물어 창읍이라는 곳에서 자게 되었다.

이 창읍현의 현감은 왕밀이라는 자로 양진이 궁중에 있을 때 착하고 성실한 양밀의 이야기를 듣고 천거하여 창읍현의 현감이 되었던 자이다. 왕밀이 한밤중에 양진이 자는 방을 찾아와 인사를 하고 그동안 돌보아준 은혜를 감사하며 황금 열냥을 내놓았다. 그때 양진이 "나는 이미 오래전부터 자네의 학식과 인품을 잘 알고 있는 사람으로 이런 것까지 마음 쓸 필요없네"하며 거절하였다.

그러나 왕밀은 거듭 황금을 받아 줄 것을 간청하면서 "이 방엔 아무도 없고 태수님과 저 둘 뿐이니 받으소서"하고 간청하는 것이었다. 이때 양진이 "방에 자네와 나 둘 뿐이라는 것은 당치도 않은 소리야. 먼저 하늘이 알고(天知), 땅이 알고(地知), 또 자네가 알고(子知), 내가 알고(我知)있지 않은가."하며 훈계하니 왕밀이 부끄러워 고개를 들지 못하였다고 후한서의 양진전에 전한다.

분수에 넘치는 이기주의와 배금사상을 구체적으로 나타내 한탕이면 된다는 졸부들과 책임과 의무를 뒤로 밀쳐놓고 시대착오적인 고집과 영웅적 행세를 부리는 사람들을 보면서 사회적 미성숙을 생각해본다.

1991. 7. 6. 대전매일

74 유언비어

우리에게는 미래에 대한 꿈이 있다. 기대하는 미래를 얻기 위해서는 급격히 변화하는 사회에 대처할 수 있는 가치관이 정립되어 있어야 하고 갈등과 이기로부터 자신을 지키며 긍정적이며 능률적인 설계가 필요하다.

그런데 많은 부문에서 우리를 현혹시키고 현실을 왜곡케 하는 유언비어가 발생하여 기대와 가치관을 혼탁시키고 있다. 별 근거도 없는 말이 흘러서 마구 퍼져 도는 말이 유언(流言)이고, 무슨 일이나 비뚤어지게 하고 남을 헐뜯기 위해 퍼진 말들이 비어(蜚語)인데, 이는 사회불안을 부채질하는 뜬소문이며, '유비통신'이니 '카더라통신'으로 통용되고 있다.

유언비어는 성격상 정확한 근원을 알 수 없고 또한 비공식적인 이야기로 엇갈리는 점에서 부정적인 특징을 띠게 되는데 입에서 입으로 퍼지기 때문에 대부분 과장되고 와전되어 누구에게서 나왔는지 꼭 알 수가 없다. 그런데 간혹 미처 확인하지도 않고 그 말을 그럴싸하게 듣고 믿어버려 행동을 함으로

써 엄청난 착오나 범행을 저지르게 되는 경우가 있게 된다.

본질상 아무도 책임질 수 없는 성질의 뜬 이야기가 이해 관련있는 계층이나 집단에 많은 부분이 심각히 받아들여져 설명이 되면서 보도되고 의견으로 통용되며 심지어는 신념으로 나타나기도 한다.

유언비어의 발생은 공포심리의 유언비어, 적대심리의 유언비어 그리고 평화내지 소망의 유언비어로 나눌 수 있다. 공포심리의 유언비어는 최악의 사태라도 정부가 국민에게 완전하고 정확한 뉴스를 제공함으로써 예방 될 수 있다. 적대심리의 유언비어는 증오와 반감을 반영하는 분열행위로서 어떤 유명인을 지칭하여 잘 사용하는 수법이다. 성격상 낙관적 색채를 띠고 있는 평화 내지 소망의 유언비어는 어떤 뉴스를 기대하고 있을 때 그것이 전달된 것으로 상상하여 조장되는 수가 많다.

지방화시대와 민주화가 실현되고 국가적 풍요로움이 이루어져 우리가 처해있던 대내외적 많은 어려움을 슬기롭게 극복하고 이제 우리의 통일에 대한 미래를 설계해야하는 지금은 사회의 통합이 절실히 요청되는 시기인데 지극히 해로운 부정심리를 조장하는 성질의 유언비어가 사회의 건전한 발전과 선진적인 문화향상을 어렵게 하고 있다.

특히 비합법적이거나 사회의 불만세력이 조장한 것, 이권에 관계된 것, 욕구불만과 갈등심리에서 나온 것, 시대적인 퇴행심리에서 나온 것 등은 전파속도가 빠르고 강력한데 이로 인해 사회적 손실을 더 이상 되풀이해서도 안되고, 이에 현혹됨으로써 스스로 의식수준을 낮게 해서도 안되겠다. 우리 각자가 선진사회의 일원임을 자각하고 책임있는 언행으로 자기직분에 충실하여 유언비어의 전파를 막는 일 또한 우리가 할 일중의 하나가 아니겠는가?

1991. 7. 20. 대전매일

75 Zero Egg Day

음식물의 신선도를 유지하기 위한 노력은 오래전부터 시작되었으며 소득의 증대로 우리 입맛은 신선한 맛에 길들여져 돈을 더 지불하면서라도 식탁에 신선한 음식을 올리기 위하여 주부들의 지혜는 동원되어왔다.

'제로에그데이'란 최근 일본의 양계업계에서 소비자에게 신선한 달걀임을 알리는 상품명으로 우리나라 말로는 '오늘 낳은 달걀', '방금 낳은 달걀'이라는 말로 어제 낳은 달걀이나 묵은 달걀이 아니라는 뜻이다. 따라서 '제로에그데이'란 빨리 소비자에게 신선한 달걀에 대한 습관을 길들여 주며 국토의 농업적 특성과 농업형태가 우리나라와 비슷하고 사료곡물의 거의 전량을 외국에 의존하고 있는 점 등을 감안하면 우리나라에서도 이 같은 개발을 함으로써 확실한 생산기반의 유지와 생산물의 부가가치를 높이는 것은 물론 쇠고기의 전면개방, 쌀시장의 개방 등 외국의 수입개방 압력으로부터 벗어날 수 있을 것으로 생각된다.

달걀의 생산은 완전 무창 계사에 산란계를 사육하며 종래의 아침저녁으로 나누어 점등 사육하던 방식을 자양하고 밤 12시가 되면 일제히 점등을 실시하여 새벽 3-4시에 대부분 알을 낳게 하는 방식이다. 이때 낳은 달걀은 자동 집난기를 통하여 집난지피기를 통과, 중량별로 세척, 선별된 후 포장이 완료되고 이 달걀은 주부들의 아침 식사준비를 하기 이전에 슈퍼마켓이나 판매점에 진열되며 그 날에 소비되지 않은 달걀은 그날 저녁에 회수하게 되는 것이다.

이렇게 함으로써 유전공학과 사료곡물 등 제반 생산기술이 발달된 외국으로부터 유입되려고 하는 달걀의 수입을 신선한 달걀이 아니라는 점에서 소비자를 보호할 수 있을 것이다.

아무리 외국에서 비행기로 운송된다 하더라고 그 날 낳은 달걀을 그날의 식탁에 올릴 수 없기 때문이다.

시장의 전면개방을 전제로 우리 축산물의 경쟁력을 높이기 위해 농가와 정부가 힘을 합쳐 생산성 제고와 품질 향상을 위한 노력이 이루어지고 있는데 그 중 생산물 자체의 특성상 식탁에 제공되는 신선한 달걀과 우유는 경쟁력이 크다. 그러나 모든 부문에서 외국의 교묘한 상술은 우리농가에 크게 위협을 주고 있는데 우유의 경우 '환원유'라 하여 분유를 수입하여 적당히 물만 섞어 특별한 우유인 것처럼 시판되고 있는 것도 한 예이다.

혹시 현재의 우리 축산업계에는 품질 향상이니 기술개발, 사후관리 등을 입으로만 부르짖고 실제로 땀을 흘리는 데에는 인색하면서 교묘한 상술에 현혹된 소비자가 행하는 무분별한 소비행태만 탓하고 있는 것은 아닌지 생각해보면서 '제로에그데이'의 신선한 달걀을 빠른 시일 내에 먹을 수 있는 날을 기대해 본다.

1991. 7. 20. 대전매일

76 농촌인구 감소 유감

세계의 경제조류는 자국의 산업보호 수단을 자국에서 찾지 않고 국가간의 비교우위와 국력을 바탕으로 하여 경쟁력이 없는 나라는 자국의 산업보호를 포기하거나 철폐해야하는 소위 수입자유화시대에 와 있다. 이로써 국제 통상의 질서는 질 좋은 상품의 생산과 생산된 상품의 효율적 판매를 위한 국제간 기업간의 경쟁시대에 돌입했다. 농업부문도 유전공학의 발달, 농업생산기자재의 발달, 토지생산성, 가축생산성의 월등한 향상을 위해 노력하고 있고 이에 따라 타 산업에서와 같이 고도로 교육된 인력이 필요한 새로운 국면을 맞게 되었다.

며칠 전 오랜만에 고향에 들렀다. 대전에서 그렇게 멀지도 않은데 명절이나 성묘를 할 때를 제외하고 자주 찾지 않는 것은 시간이 없기 때문이라고 변명해보지만 실은 고향을 잊고 어디로 가고 낯선 사람들이 더 많은 잘 모르는 동네에 온 것 같은 기분이 들었다. 볼일을 위해 고향 농협 조합장을 만나 얘기 끝에 오랜만에 고향에 온 나의 생각을 말하게 되었고, 그도 역시 동감을 나타내며 급격한 농촌인구의 감소, 특히 고급 노동력의 감소를 크게 걱정하였다.

농수산부의 작년 말 농업 총 조사발표에 의하면 10년간 농촌인구는 13.6%가 감소한 6백66만명이라 한다. 기준 년도 1천82만7천명에 비하여 4백16만7천명이나 줄어들었다. 특히 이 중 15세 미만의 인구감소율은 61.6%로 전체 농촌인구 감소율에 비하여 4-5배를 넘어 젊은이가 없는 고령화 현상을 나타내 우리 농업의 장래를 어둡게 하고 있다, 그간 정부는 교육과 각종 지원을 통하여 농촌에 정착할 젊은이들을 양성하기 위하여 많은 노력을 했는데도 농촌을 떠나게 된 것은 젊은이들의 눈에 농촌이 공동화현상이 나타나 외국과의 경쟁력이나 생산성에서 월등히 뒤떨어지는 결과를 나타내고 있다.

농업의 유지는 비교우위론적 타당성을 떠나 식량안보적인 차원에서 보호되어야만 하며 국제곡가가 국내가 보다 낮은 상태가 언제까지나 계속 되지는 않을 것이다. 또한 농경지가 휴한 상태로 방치되면 관개수로 인한 강우조절 기능이 상실될 것이며 농촌인구의 도시 집중화는 많은 문제점을 야기시켜 국가안정 기반에 나쁜 영향을 미치게 될 것이다. 이에 우리는 기계화 지원대책 적정규모의 경작면적 확보, 문화시설의 설치 등 농촌이 안고있는 문제를 해결하도록 노력해야 할 것이다. 이런 제반 문제가 해결이 되어야만 우리는 옛 고향의 모습을 보게 될 것이고 고향을 지키는 사람들의 활기 있는 웃음을 보게 될 것이다.

1991. 8. 3. 대전매일

77 기술대학 설립 필요한가

정부는 기술대학을 대기업에 신설하려는 계획을 하고 있다. 그 목적을 보면 '산업기술 분야의 전문 기술인'을 양성하고 산업현장에서 근무하고 기능·기술인의 지식 및 기술 심화를 위하여 교육기회를 부여한다고 말하고 있다.

이것은 기존 전문대학이나 산업대학(개방대학)의 교육목적과 차이가 없다. 기존 기술 교육기관(전문대학, 산업대학, 공고)들이 담당하고 있는 역할과 기능을 강화시키고 발전시키기보다는 교육목적은 같으면서 명칭만 다른 또 하나의 대학제도를 신설하는 것은 기존 교육제도에 혼란을 가져오는 것은 물론 사회적 난맥상을 가중시키는 결과를 가져올 것이다.

그 이유로는 첫째, 기술대학을 신설하여 산업계의 기능인력 및 기술인력난을 해결할 수 없다.

그보다는 산업기술 또는 노동정책 등 국가의 인력정책의 합리화에 따른 인력체제의 구축과 기계의 자동화추진이 더욱 필요하며 국민의 소득향상에 따른 3D 기피현상을 극복하기 위한 국민계몽이 더욱 필요할 것이다.

둘째, 기술대학의 신설로 산업사회 발전에 저해요인을 가져올 것이다. 기술대학을 설립, 운영하는 대기업과 중소기업간에 괴리감을 조성하여 위화감을 촉발시키고 능력지향 사회를 학벌존중 사회로 회귀시키는 역기능적 작용이 나타날 것이다.

셋째, 기술대학의 설립은 기존 기술교육기관의 발전을 저해하는 요인이 될 것이다. 그보다는 산업체가 의뢰하는 모든 기술인력을 해당학과의 정원외로 입학시켜 산업체가 요구하는 기술교육을 양성하기 위해서는 산학 협동의 발전과 특약학과(特約學科)의 제도 도입이 필요할 것이다. 물론 기존 기술교육기관에서도 개선하여야 할 문제점은 있다. 산업체 근무자 및 실업계 고등학교 졸업자에겐 계속 교육을 받을 수 있도록 교육과정을 개편하고 문호를 완전히 개방하여야 산업발전에 부응하는 신설학과를 계속 개발하여 산업사회의 고도화, 전문화, 다양화에 부응해야 할 것이다. 또한 현장 적응력을 높이는 교육을 위해 겸직교수제와 교수현장감수를 제도화하고 실습교육을 더욱 강화해야 한다. 교육부가 2010년까지의 전문대학 이상 고등교육기관의 진학 추세를 장기 전망 분석한 내용을 보아도 2005년부터는 대학입학정원의 부족현상을 가져오는 것으로 되어 있는 이때 또 다른 대학제도를 신설한다는 것은 다시한번 숙고되어야 할 것이다.

2000. 11. 1. 대전매일

78 밝은 내일

많은 사람들이 현 세태를 물이 흐르지 않고 고여 있는 썩어버린 웅덩이 같고, 나무는 메말라 뿌리째 뽑힐 것 같다고 한다.

거대한 물밑조직에 대항할 힘이 없어 절망하고 자포자기하면서 많은 비인간적 행위들을 잊으려 한다고 느끼고 있는 것 같다.

수세기에 걸친 우리의 여정은 잔인하고 치욕스런 파괴적 행동의 연속이었으며, 산업화를 지나 테크놀로지 시대를 거쳐가고 있는 우리들에게 내면은 존재하지 않고 타락해 가고 있음을 느낀다.

혼돈사회 · 가치관 부재

선진국 진입을 논하면서도 우리 스스로를 기만했던 일은 반성하지 않고, 고급 승용차와 거대한 건물과 수출액이 선진국의 척도라고 착각하고 있으며,

최소한의 부정부패가 있어서는 안된다는 사실을 잊고 있다.

일을 함에 있어 중요한 것과 중요치 않은 것을 구별하고, 먼저 해야 할 것과 나중에 하여야 할 것을 정하여야 하거늘 개인의 규범적 행동의 혼돈 내지 가치관 부재의 소산으로 누구나 형언할 수 없는 좌절감과 허탈감, 배신과 소외감 속에서 벗어나지 못하고 사물의 경중을 구별하지 못하고 있다.

세속적인 권세와 불의의 재물에 매력을 느끼며 살던 사람을 진실한 인간의 도리가 무엇인가를 아는 사람으로 바뀌도록 하고, 불신과 미움으로 가득 차 있는 사회를 믿음과 사랑이 가득 차서 희망이 넘치는 사회로 바꾸는 것이 지금 우리가 먼저 해야 할 일이다. 황폐해진 사회정신을 도덕적 사회정신으로 바꾸는 일이 중요한 일임에도 불구하고, 모든 것이 뒤죽박죽되어 사람이 사람다운 구실을 하기 어려운 세상 속에 살면서 새로운 희망과 역사 속에 밝은 미래의 창조를 외면하고 있다는 사실이 안타까울 뿐이다.

또한 사람의 가치를 소유에 의해서 평가하고 가진 기능에 의해서 평가하므로 많은 것을 가진 사람은 대인이고 못 가진 사람은 소인으로 평가되는 사회적 통념 속에서, 크고 멋지게 지어진 집을 부럽게 생각하는 가치관만 있고 작고 초라한 집에서 살고있는 사람의 귀중함을 잊었으며, 외모나 가진 기능보다는 그 사람의 내면에 흐르는 인격이 더 소중함을 잊고 있다. 과학도 사업도 정치도 인간적인 의미를 갖는 토대와 균형을 상실했다. 그리고 숫자와 추상적 개념 속에 살고 있다. 구체적인 것도 현실적인 것도 없고 사실적으로나 도덕적으로나 모든 것이 타락했다.

마비된 이성 감정이 지배

힘 있는 사람은 약한 사람을 짓밟는 압제와 착취 뿐이고, 약한 사람은 부는 바람의 방향에 따라 흔들리기만 한다. 공리성은 이기성으로 전락하여 가치 판단을 내릴 사회적 존재 의미를 잃어버렸으며 자기의 긍지와 지식 그리고 경험은 사회병리에 젖어 있다. 그러기에 이성은 마비되어 합리적 사고와 감정이 분리되었고, 사고는 정신분열적인 지적 활동으로 타락했고, 감정은 삶에 대한 신경증상적 격정으로 변해버렸다.

세계화의 큰 물결은 무서운 위력으로 도도히 흐르면서 숨 가쁜 경쟁의 절박감을 실감케하고 있고, 정보화시대에 자칫 한눈을 팔거나 안일하게 방심하다가는 순식간에 뒤져버리고 재기불능 속에 빠진다는 사실을 잊고 오로지 자신에 대한 욕망뿐으로 이기에 차 있다. 그래서 우리는 욕망을 이성에 복종시켜야 한다. 욕망이 이성을 앞지르거나 나태해지면 가치규범이 정신적인 것에서 물질적인 것으로 바뀌어 극도의 개인주의, 자기우선주의, 자기중심적 사고를 하게 되고 그로 인해 밝은 미래사회를 지향하는 많은 사람들에게 좌절감을 안겨준다는 사실을 알아야 한다. 행복한 삶은 인간 누구나가 필연적으로 요구하는 것이다. 그러나 우리는 현재의 행복에 만족할 줄 모른다. 끊임없는 욕구 속에 이를 충족시키려는 이성·양심·의리가 부정되고 자기의 이익과 목적을 위해서 다른 사람을 짓밟기도 하고 수단으로 이용하기도 한다.

자신의 행복한 삶을 원한다면 다른 사람의 행복한 삶의 욕구도 인정해야 하고, 자기의 자유와 권리가 중요함을 안다면 다른 사람의 자유와 권리를 최대한 보장하고 존중해야 하는 마음이 있어야 한다. 그래서 법보다는 도덕성을 지키는 이성적인 사람이어야 한다.

인간은 인간존재의 근본적인 사실과 접촉을 가지며, 자기 존재의 고독함과 단편성이라는 비극적 사실과 함께 사랑하고 있고 함께 어울려 있다는 기쁨을 경험할 때만 비로소 자기자신을 충족시킬 수 있는 것이다. 지금 우리는 사회기강을 문란케하고 인권과 민주주의를 해치는 것이 얼마나 수치스러운 것이며, 수단과 방법을 가리지 않고 자신의 이익만을 챙기는 것이 얼마나 부도덕한 일인가를 깨우침으로써 역사 앞에 진상을 밝히고 도덕성을 회복하는 초석을 마련할 시점에 와 있다.

총체적 반성의 시점

일상적 관계의 틀에서 벗어나 자기 존재의 근본적 문제를 더듬으며 인간으로써 참된 자신의 모습을 찾을 때다.

획일적 관료주의, 인위적 소비현상, 조작된 권태에 의해서 억제되고 있는 도덕성을 이성으로 회복함으로써, 자신에 대한 신뢰가 생기고 그로인해 사회적 관습이 새로이 형성되어 삶에 대한 성실성을 나타나게 할 때이다.

봄이 오기 위해서는 몇 번의 북풍과 한파를 거쳐야 하는 길고 어려운 시련이 있게 마련이다.

우리는 실망과 아픔을 치유하고 현실적 어려움 속에서 도덕성 회복을 위해 근원적이고 총체적 반성을 하자. 양심을 무디게 하고 역사의식을 흔들어 놓으면서 나는 책임이 없다고 뒤로 물러나느 난류현상을 치유하자. 남들이 몇 백년을 걸려서 해놓은 일들을 우리는 몇십년에 일구어 낸 경험이 있지 않은가.

지금부터는 잃어버릴 뻔 했던 밝은 내일을 찾기 위해 정성과 진심을 다해 도덕성 회복을 위해 노력하자.

1995. 12. 14. 대전매일

79 삶의 진화

요즘 머리가 복잡하다. 어처구니 없는 사건들이 꼬리를 물기 때문이다. 성수대교가 무너지고 지하가스관이 폭발하더니 백화점이 주저앉아 수많은 사상자를 냈다. 부잣집 아들과 불혹의 나이에 접어든 교수가 제 아버지를 죽였다. 여선생이 잘못한 학생을 훈계하느라 매를 댔다 하여 항의로 빗발치는 학부모의 시달림에 견디지 못해 투신하여 자기의 목숨을 끊었다. 왜? 인간사회에 있어서는 안되는 인위적 재난과 인명경시 풍조가 자꾸만 일어나는 것인가.

그동안 우리는 외형의 경제발전만을 추구하느라 내면적으로 많은 것을 잃어버렸다. 성실함과 근면함 속에서 내핍생활을 하여 이제 먹고 살만하니까 옛날의 도덕과 윤리 속에서 행동하고 사고하던 일들을 지워버린 것이다. 호화와 사치 속에서 근면과 성실을 잃었고 이기와 부정속에서 오만과 타락이 생겨 화합과 정직함을 잃었다.

토끼를 사냥하자마자 사냥개를 삶아버렸고 고기를 잡자마자 통발을 내동

댕이쳐버렸다. 물질적 풍요를 얻어가는 과정에서 정신적 인간의 참다운 가치를 몰락시킨 것이다. 외형적으로는 활력과 긍지가 넘치고 눈부신 경제발전을 이루었지만, 내면적으로는 부정적 사고와 냉소주의로 정신적 합일점을 찾기 어렵게 되었고 지역패권주의, 집단이기주의, 개인이기주의는 도덕적 부정과 윤리의 상실로 연결되었으며, 사회적인 무질서와 분열, 환경과 자연의 극심한 파괴, 황금만능의 한탕주의 현상으로 나타났다.

이것은 우리가 배고픔에서 벗어나기 위하여 흘린 땀의 대가로 그동안 잃어버린 도덕과 윤리의 부재가 빚어낸 사회조직내의 이완현상과 연계된 것이다.

보다 나은 삶을 위해서는 물질이 필요하다. 물질을 얻기 위해서는 고도의 과학기술을 통한 신속한 경보, 경쟁력 강화를 위한 무역 전략이 필요하다. 그러나 이런 것들은 정직하고 겸허하며 따듯한 이웃끼리 모여 사는 신뢰사회에서만 존재한다는 것을 잊고 있다.

사회의 발전단계는 씨족사회에서 부족사회로 또 국가사회로 이어져 왔다.

이것은 인지의 발달과 환경의 변화에 대하여 도태되지 않으려는 인간의 몸부림치는 진화이다. 따라서 현 국가사회에 속한 우리는 세계의 무한경쟁 속에서 일어나고 있는 각종 변화와 사고에 적정히 대응하지 못하면 도태될 수밖에 없으며 이를 극복하기 위해서는 개인과 사회의 새로운 가치관의 전환이 필요하다. 왜냐하면 이제 우리는 하나의 국가에 속해 있으면서 세계 속에 속해 있기 때문이며 각종 사고와 세계의 변화는 그 긴박함이 날로 커지고 있기 때문이다.

아름다운 삶의 가치관은 사회적 제도나 과학적 지식의 문제이기도 하나 더 근본적인 것은 사회에 만연되고 있는 도덕성의 붕괴 문제이다.

도덕이란 원래 인간의 내면적 이성을 지칭한 것으로 이는 시대나 지역을 초월한 인간의 형이상학적 본질을 말한다. 도에서의 살아가야 하는 자질, 바로 덕을 말한다.

윤리란 사회의 외형적 관습을 가리키며 시대와 문화에 따라 가변적인 구체적 인간 집단을 뜻하는 윤(倫) 속에서 살아가는데 갖추어야 할 시대적 규범 즉, 리(理)를 의미한다. 그러므로 도덕이란 정신적인 것으로 선(善)을 말하고 윤리란 선을 실천하는데 필요한 사회의 제도적 절차나 장치를 뜻한다. 도덕은 선이고 선의 근본은 인격적으로 인간의 존엄성에 대한 존경이며 윤리는 그러한 선을 구현하는 사회적 제도인 것이다.

이성에 의한 합리주의, 법치에 의한 평등주의 속에 자신을 지키는 것이 아름다운 삶을 영위하는 것이며 진화하는 길이다.

무릇 합리주의란 말은 과학적이고 논리적이며 체계적이며 동시에 보편타당성을 의미한다. 어떤 사물이건 그것이 있어야 하는 적절하고 타당한 이유와 그것에 가장 잘 맞는 상태로서의 존재일 때 의미가 있는 것이다. 다리가 필요하면 교통량과 그 집중도와 내구성에 더한 안정성이 검토되어 타당한 형태로 만들어져야 하는 것이고 계획되거나 예상했던 상태에서 그만큼의 기능을 하고 있어야 합리적인 것이다. 이런 냉정한 항목 외에 그 어떤 것도 우리가 필요로 하는 다리를 만들어 주지는 않는 것이다. 아니, 오히려 우리사회를 퇴보시키고 부패시키는 온상이 되고 말 것이다.

제나라 경공이 공자에게 어떻게 사는 것이 잘사는 것입니까 하고 물었다. 공자는 임금은 임금답게 신하는 신하답게, 아버지는 아버지답게, 아들은 아들답게 행동하고 구실을 하는 것이라고 대답했다(君君臣臣父父子子). 산업사회에서 '답게'는 잊혀진지 오래고 '답지않게'가 더 좋은 대접을 받아오지는 않았는가. 지도자답지 않은 지도자, 행정가답지 않은 행정가, 사업가답지 않은 사업가들이 더 요란한 시절은 아닌가 우리 모두 다시 생각해 보아야 할 것이다.

자기의 맡은 직분 속에서 법의 질서를 지키며 질서의 파수병이 되는 양심의 존재를 확인하는 것이 세계에 속해있는 우리의 가치를 유지시키는 기본이다.

평등을 모든 것의 모든 것에 대한 동일감으로 파악하는 사람들이 있지만 다시 살펴보면 능력에 맞는 평등이 진정한 평등이라 하겠다. 일하지 않고 부자가 될 수 없고 노력하지 않고 승진할 수 없어야 평등한 것이다. 누구나 기회는 균등하게 주어지지만 그 기회에 맞도록 하는 개인의 노력, 능력을 이해해야 할 것이다. 그러지 않고도 다른 사람의 노력으로 얻은 것을 그냥 얻는다면 사회를 구성하는 날줄과 씨줄이 흩어져 버리고 혼란 속에 빠질 수밖에 없는 것이다.

이제는 도덕과 윤리가 경시되는 풍조, 제도와 절차가 무시되는 관행을 과감히 타파하고 성실과 노력, 끊임없는 자기성찰을 통하여 진정한 평등사회가 오도록 긴 안목을 갖을 때라고 생각한다. 노력한 만큼, 일한 만큼, 성실한 만큼 만이 내 몫으로 만족하고 어느 농촌 지도자의 말처럼 '일하지 않는 자 먹지도 말라' 는 말을 되새겨 이것이 바로 우리 사회를 받치는 커다란 기둥임을 다시한번 생각해 볼 일이다.

선진 시민사회에서 양심의 존재는 계몽된 근대적 자아의 자각 위에 기초하고 있으며 자아의 발전 속에서 새롭게 출발하는 것이 세계 속의 나의 존재를 확인하는 가치의 척도가 되는 깨달음이다.

발전이란 결승점이 없는 끝없는 행진이다. 발전 때문에 오랜 역사와 전통 속의 조상님들의 가르침을 잊는다면 세계 속에서 우리는 아름다운 삶의 가치를 잃어 진화하지 못하고 도태될 것임은 자명한 사실이다.

1995. 7. 27. 대전매일

80 귀로

탄식과 번민속에 얼룩진
한 세상 헛된 눈물 지워버리고
고통과 두려움 떨쳐
희미한 추억속의 고향으로
나 이제 왔던 길 되돌아 가야지

내 발목 묶은 쇠사슬
가슴 울린 싸늘한 채찍소리
피맺힌 멍에 자국 손으로 감추고
아늑한 원시의 밀림 같은 곳으로 가야지

고요한 달빛 젖은 호숫가에
모닥불 피워놓고 다정한 사람들과
오순도순 정겹게 사는
평화와 꽃향기 그윽한 추억의 고향으로
나 이제 왔던 길 되돌아 가야지

- 정년을 맞으며

5
남북의 차이 15cm

81 한국의 대학 변해야 한다

– 60개국 중 59위, 대학 구조조정 절실

우리나라 대학들의 위기는 대학 스스로 정부의 정책에 이리저리 끌려 다니면서 대학의 권위를 상실한 것이 가장 큰 원인이다. 정부의 대학 정책은 정권이 바뀔 때마다 일정한 기준 없이 바뀌었고, 대학들은 독자적인 발전방향을 세울 수 없었다. 그리고 이것이 교육시장이 개방되는 현재에 와서는 대학 자신을 위기에 빠뜨리고 있다.

일부 대학들은 학령인구 감소로 학생 미충원율이 증가하면서 경영에 어려움을 겪고 있다. 이런 대학들은 대학간의 통폐합 등 구조조정도 마다할 수 없는 입장이다. 서울의 주요 대학들도 외국의 주요 대학들과의 국제적 경쟁을 벌여야 하는 상황이다. 고등교육기관들은 이제 교육 경쟁력을 제고하지 않으면 안 되는 절박한 처지다.

교과부는 대학선진화위원회를 구성하여 부실 사립대학의 판정기준을 만들고 현지 실사를 거쳐 11월에 부실대학을 최종 판정할 계획이다. 독자적 생존이 가능한 대학은 경영개선을 유도하고 독자 생존이 어려운 대학은 합병 및 폐교 등을 통해 구조조정 할 수 있도록 지원하겠다고 한다. 위원회에서는 부실 사립대학의 증가는 고등교육 전반의 부실을 초래할 우려가 있는 만큼 사립대학의 구조조정은 대학 전체의 경쟁력 강화 차원에서 접근해야 한다는 공감대가 형성되고 있다.

대학의 구조조정에 접근하는 방식은 두 가지로 볼 수 있다. 하나는 유사 학문을 통합해 시너지효과를 유도하는 것이고 또 하나는 기존 학부제를 해체하고 학과제로 전환해 학과간 경쟁을 유도하는 것이다. 외국 대학의 구조조정 예를 보면 2001년부터 추진된 일본의 '도야마플랜'은 재편성 통합정책으로 국립대학의 수를 12개나 감축했다. 지방의 국립대학교가 단과대학이나 국공립 의과대학을 흡수·합병하였으며 국립대학과 공립대학간의 통합, 교원양성대학간의 통합을 성공적으로 완료하였거나 진행 중이다. 사립대학은 동일 법인에 속하는 3개 대학을 합병하여 오사카국제대학으로 재탄생시킨 사례가 있다.

'공정'의 중국은 1992년부터 2002년까지 총 733개 대학을 288개로 합병하였는데 이는 정부 주도의 강력한 구조조정, 종합대학화, 중점대학의 집중 지원으로 이루어졌다. 또한 세계적인 신기술 혁명의 도전에 대응하기 위해 100여개의 대학과 일부 중점학과를 육성하기도 했다.

국제적으로 많은 나라의 대학들이 이렇게 급변하고 있는데 우리나라의 대학은 60년대 만든 학과가 커리큘럼 하나 바뀌지 않은 상태에서 학생을 모집하고 있고, 교과내용이 중복되는 학과 또한 그대로 운영되고 있다.

학과제 모집은 인기학과와 비인기학과 간 차이를 뚜렷하게 하여, 구조조정의 명분을 제공 할 것이며 취업률, 재학률 등을 고려해 학과의 정원을 늘리거나 줄이는 방안이 강구될 것이 틀림이 없다. 구조조정이 성공하기 위해서는 복잡한 이해관계를 조정하여 학생은 배울 수 있는 학문의 폭을 넓히고, 교수는 가르칠 수 있는 학생의 폭을 넓힌다는 긍정적 사고 속에 대학내 공동 커리큘럼 개발도 고려해 봐야 한다.

경쟁력이 떨어지는 학과를 퇴출시키기보다는 특성화 된 분야에서 지역사회에 알맞으면서 작지만 강한 학과로 키우는 것도 하나의 방법일 수 있다. 그러나 구조조정의 성공을 위해서는 경쟁력이 없는 대학은 스스로 문을 닫을 각오가 필요하다. 교수는 권력으로부터의 자유와 윤리적 엄격성의 자율로부터 익혀진 열매인데 대학의 구조조정과 자율성의 실패원인이 교수들의 이기주의적 발상에서 이루어진 것은 아닌지 자문해보아야 한다.

스위스 국제경영개발원(IMD)이 발표한 평가 자료에 따르면, 한국 대학교육의 품질은 조사 대상 60개국 중 59위다. 대학진학률은 최고 수준이지만 사회적 요구에 맞는 인재를 공급하지 못하는 구조가 꼴찌를 기록한 이유다. 우리나라 대학들은 방만한 운영으로 학력 인플레이션만 유발했다. 한국의 대학들은 정말 변해야 한다. 그래야 살아남는다.

2009. 8. 18. 중도일보

82 SI와 돼지고기

세계보건기구(WHO)는 돼지 인플루엔자(SI)의 확산에 따라 5단계의 비상사태를 선포했다. 외신종합에 의하면 환자 발생 국가가 10개국이며 이 중 160명이 사망했고 미국에서도 1명이 사망했으며 의심환자가 있는 나라는 20개국으로 한국은 5명의 추증환자와 11명의 의심환자가 있다.

지금 문제가 되고 있는 돼지 인플루엔자는 기존의 돼지 인플루엔자 바이러스가 사람과 조류의 인플루엔자 바이러스와 섞여 생긴 변종으로 추정 할 뿐 아직 정확한 성질을 모른다고 한다. 이 변종 바이러스는 공기를 통해 사람끼리 전염이 쉽게 일어나는 것으로 알려졌는데 병의 독성이 어느 정도 치명적일는지는 잘 모른다고 한다.

그러나 세계는 변종 바이러스가 심한 질병을 일으킬 것이고 이것은 대유행이 될 것이라고 생각하고 있으며 WHO는 사람끼리 전염이 가능한 5단계

경보를 내린 상태다. 대유행이란 세 가지 요건을 갖추고 있어야 하는데 첫째 신종이어야 하고, 둘째 동물에서 사람으로 전염되는 종간의 벽을 넘어야 하며, 셋째 사람과 사람 사이에 전파가 가능해야 하는데 이 바이러스는 세 가지 요건을 다 갖추고 있다.

우리나라 방역당국은 환자 발생에 대비해 철저한 대책을 마련하고 있다. 현재 50대 여성을 비롯해 5명이 추증환자로 판명돼 격리수용중이며 추증환자와 함께 비행기를 타고 온 탑승객 전원에 대해 증상여부를 조사하고, 같이 생활하는 40여명에게 치료제를 투여했으며, 항바이러스제도 250만명 분을 보유하고 있고, 검역도 한층 강화하고 있으며 보건복지부 장관을 방역 단장으로 격상시켜 방역 및 예방에 만전을 기하고 있다. 이미 우리나라는 조류 인플루엔자와 급성 호흡기 증후군을 거치면서 응급 방역체계가 선진국 수준으로 확립되어 있다. 그렇다 해도 돼지 인플루엔자는 사스나 조류 인플루엔자 때와는 달리 잠복기에도 전염이 되기 때문에 방역도 충실히 해야 하지만 방역보다도 빨리 찾아내서 감시, 감독, 치료하는 것이 중요하다.

위험지역을 여행한 사람 중 발열, 기침 등 증세가 나타난 사람들은 자발적으로 검역당국에 신고해야 한다. 제때 발견하면 얼마든지 치료할 수 있는 질병이니 지나친 공포심을 갖지 말고 차분하게 대응하는 것도 중요하다. 청결한 생활방식을 지켜 자주 손을 씻고 많은 사람이 모이는 장소는 가급적 피하는 것이 예방하는 길이라 한다.

방역당국의 당부를 받아들여 동요하지 않는 성숙한 국민의 자세가 필요한 시기에 돼지고기의 소비가 줄어들어 양돈 농가들이 어려움을 겪고 있다. 충남도는 ㎢당 돼지를 204.5마리를 사육해 전국에서 두 번째로 많다.

그동안 양돈업자들은 사료값 상승과 장기 불황 등으로 어려움을 겪는 중에도 많은 자금을 투자하여 질 좋은 고기생산을 위해 연구와 개발을 해왔으며, 분뇨처리도 최신 바이오가스 시설을 도입하여 온실가스를 줄이는 것은 물론 바이오에너지를 생산하는 등 양돈업의 새로운 미래를 여는 문턱에 와 있었다.

그런데 갑자기 멕시코에서 발생한 돼지 인플루엔자 때문에 돼지고기 값이 뚝 떨어지는 현상이 나타나 삼중고의 고통을 받게 되었다. 조류 인플루엔자의 학습효과로 유통업자들과 소비자들이 구입량을 줄여 도매가격이 떨어지고 있기 때문이다.

농수산 식품부는 국내 양돈 농가에서 바이러스 검사를 실시하고 감염된 돼지가 발견되면 해당 양돈장 전체를 도살해 태우거나 묻고 농가에 보상하는 것을 검토 중이며 외국에서 들어오는 돼지고기는 전량 바이러스 검사를 실시키로 하였다. 국내에서 시판되는 돼지고기는 안전하다. 돼지 인플루엔자 바이러스는 식품으로 전파되는 것이 아니다. 돼지고기나 햄, 소시지 등은 먹어도 안전하다. 정 의심스럽다면 섭씨 71도 이상에서 가열하면 이 바이러스는 모두 죽는다. 돼지고기를 많이 소비하여 시름에 젖어있는 양돈 농가들의 고통을 조금이라도 덜어주자.

2009. 5. 1. 중도일보(20면)

83 지구를 위한 전쟁, Cool War

요즈음 들어 태양광, 풍력, 전기차, 자전거, 스마트그리그 등 녹색산업, 녹색에너지란 말을 많이 쓰고 있다. 지난해 우리나라는 '저탄소녹색성장'이라는 국가 비전으로 녹색성장위원회를 출범시켰다. 녹색기술 및 산업, 기후변화 적응 역량, 에너지 자립도 및 복지 등 녹색경쟁력 전반에 걸쳐 2020년까지 세계 7대 강국에 진입하고, 2050년까지 세계 5대 강국에 진입한다는 녹색성장 국가전략도 최근 발표했다.

정부는 이를 위해 향후 5년간 매년 국민 총생산량의 2% 수준인 107조원을 투입하고, 182조에서 206조원의 생산유발 효과와, 156만에서 181만명의 일자리를 창출할 계획이다. 그리고 국가발전 전략으로 녹색금융, 자동차연비, 폐자원 및 바이오매스 에너지 등 녹색성장 주요 분야에 대한 구체적인 실행 계획을 마련했다. 녹색성장 3대 추진전략은 기후변화 대응 및 에너지 자립, 신 성장 동력 창출, 삶의 질 개선과 국가위상 강화 등이다.

환경문제의 심각성과 이미 고갈이 예고된 석탄에너지를 대체할 무엇인가가 필요한 시점에 제일 먼저 떠올리는 것은 태양광이다. 태양광은 햇빛을 전기에너지로 바꾸는 것으로 지난 2007년 유가 등급과 지구 온난화 등이 이슈가 되면서 산업적으로 급속히 팽창하였으나 지난해 글로벌 경제위기로 수요가 감소되고 태양광 산업에 대한 투자가 줄면서 조금 멀어져 가고 있는 듯하다. 그러나 태양광을 이용한 환경에너지 타운과 녹색에너지 시범마을 600개가 조성되고 있고, 실리콘 방식의 태양광 발전에 활용성이 높은 연료 감응형 태양광도 기술발전을 거듭하고 있다. 또, 현시점에서 그린에너지 중 효율성과 경제성이 높은 것은 바람의 힘을 전기에너지로 바꾸는 풍력이다. 미국과 중국 등에서는 풍력산업에 대한 투자가 이루어지고 있으며 태양광과 함께 고갈 우려가 없어 대체에너지로 각광을 받고 있다.

석탄에너지로 인한 지구 온난화는 생태계에 변화를 가져오고 있는데 생태 식량, 수자원, 연안의 문제, 건강 문제 등 많은 분야에 피해를 예상 할 수 있다. 실제로 지구상의 물은 변동이 없다. 남극의 빙하가 녹아 바다로 들어오고 이 물은 태양으로 데워져 위로 올라갔다가 다시 비로 내리는 순환이 반복되고 있다. 물부족은 지역적인 편차와 물의 수요량이 달라졌기 때문에 나타나고 있는 것이다.

지구 온난화 현상은 세계적으로 0.74도의 온도가 오르고 있는데 우리나라도 1.5도가 상승, 문제가 심각하다. 해수면의 수온 상승 속도도 대단히 빨라지고 있다. 부산 지역은 30년 동안 7.8cm 올라갔고, 제주도는 20cm 이상 올라가면서 아열대기후가 시작되고 있다.

현재 한국의 녹색 경쟁력 지수는 OECD 평균 104.3보다 적은 97.4로

15개국 중 11위다. 저탄소화 지수는 88.3으로 13위고 녹색산업화지수는 8위로 나타나고 있다. 우리나라의 신재생에너지 전력 생산량(수력은 제외)은 4억200만km로 미국의 996억8000만km의 0.4% 수준이다.

자동차 등에서 배출되는 미세먼지는 인체의 건강에 크게 영향을 미치는데 입자가 작아서 호흡기 깊숙이 침투해 폐조직에 붙어 호흡기 질환을 일으키며 혈관으로 흡수되어 피를 끈적하게 하고 혈관을 노화시켜 뇌졸중이나 심장질환을 일으킨다.

북극해와 대서양 사이에 위치한 세계 최대의 섬 그린란드는 지금까지 추운 날씨 탓에 삶에 많은 제약을 받아왔지만 지구온난화 덕을 보고 있다. 수온이 올라가 대구가 잡히고 새우잡이 배들이 호황을 누리고 있고 남부지방은 채소밭이나 우거진 숲으로 변하고 있다.

한반도에는 자유와 민주의 이름으로 벌이고 있는 정치권의 소모적이고 과거 지향적이며 퇴행적인 모습과 어처구니없는 북한의 핵과 미사일이 걱정을 자아내고 있는 가운데 뜨거운 여름이 성큼 다가왔다. 그러나 너무 뜨거워지는 지구 온도를 식히려는 Cool War가 한국에서도 시작되고 있다.

2009. 7.14. 중도일보

84 웃음의 약효

지구의 환경 위기, 신종플루, 세계의 금융위기와 경제불황, 숲과 계곡의 더러워진 물과 쓰레기, 자녀의 교육비, 북한의 수공(水攻) 논란 등 매스컴은 어두운 뉴스들로 가득 차 있다. 이런 말들을 듣다 보면 이 시대에선 스트레스만 쌓여 웃을 일이란 하나도 없을 것만 같다.

우리 뇌(腦)의 전두엽에서는 우리가 한번 웃을때마다 엔드로핀(endorphin)과 엔케팔린(enkephalin)이라는 신경 펩타이드의 분비가 촉진된다. 엔케팔린은 웃을 때 엔도르핀과 함께 나오는 호르몬으로, 모르핀보다 300배 이상 강한 성질을 가지고 있다. 마약과 유사한 내분비물질로 우리는 체내 아편성 물질이라 부르기도 한다. 엔도르핀은 동물의 체내에서 추출되는 모르핀과 같은 진통효과를 갖는 물질의 총칭으로 강력한 마약성 진통제 역할을 하는 호르몬이다.

이를 뒷받침하는 실험들도 적지 않다. UCLA대학 데이빗 브레 슬로우 박사는 통증이 심한 환자에게 1시간에 두 번씩 거울을 보고 웃게 했더니 억지로 웃는 환자들까지도 탁월한 효과가 있으며 소리 내 웃는 것이 환자의 통증을 억제하는데 중요한 역할을 했다고 보고하고 있다. 또한 면역세포는 활성화를 돕는 물질과 억제하는 물질을 같이 가지고 있는데 면역수치가 낮을수록 억제물질이 많은 것이고 수술 후 면역력은 낮아지며 자연 살상 세포인 NK면역세포도 떨어진다. NK세포는 자연 치유력을 증가시켜주는 역할을 하는데 이 세포가 많다는 것은 병에 저항력이 높아지는 것이고 그로 인해 각종 병에 잘 걸리지 않게 된다. 특히 암세포에 저항력이 강하며 죽이는 역할도 한다.

미국 로마린다 대학 리버크 교수에 따르면 스트레스를 받으면 NK세포의 수가 낮아져 자연 살상 능력이 줄어들게 되는데, 뱃살을 잡을 정도로 크게 그리고 유쾌하게 웃으면 암세포와 다른 세균에 감염된 세포를 죽일 수 있으며 효과도 오래간다고 한다. 베넷 박사는 코믹 비디오를 시청한 사람은 스트레스를 감소시킬 수 있으며 스트레스에 노출되어 있는 현대인에게 코믹 비디오를 보도록 권하고 있다.

일본의 요시노 박사는 환자들의 기분과 정신상태가 질병과 밀접한 관계에 있다는 점을 착안하여 관절염 환자에게 하루에 1시간씩 라쿠고(일본식 만담)를 듣게 했다. 그랬더니 염증이 생겼을 때 백혈구들이 모이도록 정보를 전달하는 물질로 염증이 심할수록 이 수치가 올라간다고 하는 인터루킨-6이 급격히 줄어들었다고 한다. 라쿠고로 대변되는 그 웃음이 면역물질의 활성화에는 웃음이 절대적이라는 뜻이다.

웃음은 마음의 뿌리이며 행복의 신호다. 그러기에 웃음이 있는 사람은 생각이 열린 사람이며 마음이 따듯하고 서로 믿음으로 친해질 수 있는 사람이다. 밝게 웃는 웃음은 세상을 너그럽게 바라보도록 하며 가을바람의 부드러움처럼 여름 내내 더위와 장마 속에서 속상한 일들 때문에 스트레스에 쌓여있는 우리 마음을 어루만져 치유해 주는 만병통치약이다.

프리드만에 의하면 지금 우리는 협력과 경쟁을 동시에 벌이며 개인의 세계화가 이루어지고 있는 '세계화 3.0시대'에 살고 있으므로 스트레스에 노출될 수 밖에 없다. 요즈음처럼 신종플루와 정치적 사회적으로 일어나는 많은 일들 때문에 받는 더 많은 스트레스에 고민하는 현대인에게 크게 한번 웃는다는 것은 건강을 유지하는 틀림없는 비결이 될 것이다.

얼굴이 밝게 빛나고 웃음이 가득한 사람은 건강하며 매사에 긍정적이고 성공할 수 있는 사람이며 얼굴이 어둡고 늘 찡그리는 사람은 병약하며 매사에 부정적이고 쉽게 좌절한다고 한다. 성공한 사람은 위기의 순간에도 유머를 즐겼다. 알싸하게 느껴지는 천고마비의 이 계절에 생활의 기쁨이 강화되어 매일 웃을 일만 생기길 기도해 본다. 웃음이 진정한 삶의 요소가 되고 웃음의 약효는 세상을 밝게하는 근원으로 작용하기 때문이다.

2009. 9. 22. 중도일보

85 북한의 유화 제스처

가슴 벅차게 시작된 기축년이 어느덧 끝자락에 와 있는데도 북한이 6자회담에 언제 복귀할 것인지는 알 수 없다. 보스워스 미 대북정책 특별대표는 "전략적인 인내심이 필요하다"고 했다. 전략적인 인내심이란 작은 일에 구애받지 않고 북한의 태도 변화를 지켜보겠다는 의미로 해석할 수 있다.

미국이 전략적인 인내심을 발휘한다면 30t 분량의 북한제 로켓 추진 수류탄, 지대공 발사 장치, 개량 미사일 같은 무기류를 실은 화물 전용기가 태국에서 억류된 사건이나 북·미간의 긴장 완화의 큰 흐름을 바꾸지는 않을 것 같은 느낌이다. 미국의 대화와 제재는 별개라는 메시지를 평양에 던졌기 때문이다.

그러나 일각에서는 북·미 관계가 다시 꼬이는게 아니냐는 우려도 제기된다. 북핵 문제는 한국의 현안이지만 세계 정책을 펴는 미국의 입장에서는 미국의 문제이기도 하다. 양자 간 협상을 통해 북한을 6자 회담으로 끌어내는 것이 미국의 단기적 목표라면, 우리 정부는 6자 회담 자체보다는 북핵문제 해결이라는 보다 근본적인 목표를 추구해야 한다.

한국의 북핵 해결방안인 그랜드 바겐과 미국의 포괄적 패키지는 내용 면에서도 큰 차이가 없다. 그러면서도 각자의 용어에 집착하는 것은 미묘한 인식의 차이 때문이다.

미국이 북한에 대한 제지를 풀고 싶어도 6자 회담의 다른 참가국을 비롯한 국제사회의 동의가 없는 단독 행동은 불가능하기 때문이다.

지난 6월 안보리의 제재결의 1874호는 북한의 비가역적인 비핵화 조치를 제재조건으로 못박았는데 아직도 북한은 9·19 공동성명을 이행하지 않고 있다. 북한은 이런 문제들을 이행할 생각도 없이 지난 여름부터 거듭된 유화 제스처만 계속 보이고 있을 뿐이다.

한편 중국의 시진평 부주석은 북한의 핵문제와 관련하여 북한이 북·미 대화로 6자 회담의 중요성을 공감한 것을 다행스럽게 생각한다고 하였다. 그리고 중국은 한반도 문제해결을 위해 6자 회담을 추진하고 계속 역할을 해 나갈 것이라고 했다.

정부는 지난 일주일 간 북한에 대한 신종플루 지원 문제를 매우 빠르게 진행했다. 북한에서 신종플루가 크게 번지고 있다는 소식이 있다. 이명박 대통령은 인도적 차원에서 북한을 도와 줄 지원방안을 모색하라고 지시했고, 통일부는 판문점을 통해 지원 의사를 전했으며 북한은 이를 수용했다.

북한에겐 의료지원을 받는 실리와 남북 접촉 재개의 명분 모두를 확보할 수 있는 기회였다. 그런 만큼 북한도 이를 계기로 납북자와 국군 포로문제 등 인도적 협력 사안에 대해 보다 전향적인 자세를 취해야 할 것이다.

북한은 요즘 몇 가지 악재가 겹쳐 있다. 유엔의 1874호를 위반한 불법 무기 수출의 적발과 11월 30일 화폐개혁의 후유증, 그리고 식량난과 신종 인플루엔자 확산까지 이중 삼중으로 어려움을 겪고 있다. 특히 화폐개혁은 실행 후 겨우 20여일이 지났지만 안정을 찾지 못하고 있는 가운데 북한사회 저변을 뒤흔들고 있다.

정부는 2010년 새해에 이런 상황을 감안해 북핵 문제에 대한 재점검을 벌일 필요가 있다. 한·미 공조와 유엔제재의 동참과 대화 병행이라는 두 가지 경로를 다시한번 점검하는 기회를 가져야 할 것이다.

또 북한의 급변사태 대비를 위해서도 통일부를 중심으로 부처 간 정책이 조율되어야 하고 구체적인 액션플랜을 만들어야 한다. 정파적 이해 때문에 줄곧 난장판으로 치닫곤 하는 정치판도 하루 속히 개선되어야 함은 물론이다. 국내 정치와 대북외교 문제가 따로 노는 것이 아니기 때문이다. 국가 백년대계의 현실적 책임은 무엇보다 정치권에 있다는 사실을 직시해야 한다.

2009. 12. 22(화) 중도일보

86 50년전 오늘 대전지역 고등학생들의 외침

1960년 3월 8일은 당시 자유당 부패정권의 횡포 및 불법적 인권유린과 부정선거에 항거해 충청권의 고등학생들이 중심이 되어 의거한 날이다. 대구의 2·28 의거 후 전국에서 두 번째 일어난 민주의거로 3·15 마산의거와 4·19 혁명의 단초가 되고 현대사의 새로운 장이 되었으며 금년이 50주년이 된다.

18, 19세의 젊은 고등학생들이 이제 칠십이 되어가는 것을 보며 세월의 무상함을 느끼게 하는 것은 정의, 애국심, 통일 등 국민의식이 사라져 가는 아쉬움이기도 하다.

당시 자유당 정권은 영구집권을 위해 3월 15일 정부통령선거에 온갖 악행을 자행하는 가운데 언론과 야당의 탄압은 물론 막걸리와 고무신등으로 매표공작을 하는가하면 여당후보의 정치집회에는 대중을 강제동원하면서ㄱ도

야당후보의 연설회에는 청중이 모이는 것을 방해하였다. 50년전 그날은 대전공설운동장에서 야당 부통령후보의 연설회가 있는 날이었다. 학교에서는 혹시라도 학생들이 연설회장에 갈까봐 선생님들이 교실을 비롯해 학교를 계속 순시를 하고 경찰이 교내 사찰을 하고 있었다.

이러한 상황 속에서 3·8민주의거는 부정부패를 종식시키기 위해 3·15 부정선거일을 일주일 앞두고 대전고등학교 학생 1000여명과 대전상업고등학교 학생 1000여명이 교문을 박차고 나와 학생을 정치도구화 하지 말 것과 학원의 자유를 달라며 불의의 폭정에 맞선 의거로 이는 충청인의 나라사랑 정신이고 시민정신의 발로인 학생궐기이며 민주의거였다.

3·8민주의거가 갖는 역사적 의의는 참으로 지대하지만 그동안 이에 대한 평가와 조명이 제대로 이루어지지 못해 뜻있는 많은 사람들의 안타까움을 자아내던 중 2009년 10월 9일 대전시가 3·8 민주의거 기념일을 조례로 제정하여 역사적 의의를 재조명하고 숭고한 정신을 기념할 수 있게 된 것은 참으로 다행한 일이다.

진정한 학원의 민주화와 자유당 정권의 부정부패에 항거해 자발적이고 순수한 정의감에서 시작되었던 3·8 민주의거는 이제야 재조명 될 기회를 가진 것이다.

그동안 대구의 2·28이나 마산의 3·15와 비교하여 왜소한 행사를 치른 것은 지역기반이 약해서일까?

3·1 독립운동과 6·10 만세사건, 광주학생사건 등 애국심을 발휘한 독립운동사에 버금가는 3·8 민주의거는 민주의식의 발현이였고 주권재민의 원칙을 입증시킨 불멸의 가치가 있음에도, 대구나 마산에서는 정부는 물론 지역의 기업인 및 각종 단체에서 몇백억원을 모금하여 숭고한 뜻을 이어갈 회

관 건립과 각종 행사가 이루어지고 있지만, 아직도 대전에서는 이런 낌새가 보이지 않고 있으니 3·8민주의거의 숭고한 정신이 시민에게 뿌리내리고 시민정신으로 승화 될 날이 빨리 오기를 기대해 본다.

또한 지난 2006년 대전 둔지미공원에 3·8민주의거 기념탑을 정부와 대전광역시의 보조로 세웠다. 대구나 마산처럼 기념탑이 있는 공원의 이름을 3·8민주공원으로 바꾸는 노력이 있어야 하겠다.

충절의 고장인 대전은 많은 충의 열사들이 배출되었고 나라가 어지러울 때 목숨을 바쳐 나라를 구한 사람들의 터전이다. 이곳에 후손으로 살고 있는 우리가 우리의 후손들에게 나라사랑 정신을 이어주고자 노력하는 것은 당연한 우리의 책임이다. 따라서 3월 8일을 대전시민의 날로 정하여 숭고한 뜻을 이어가도록 하는 것은 당연히 해야 할 일이다.

충청 출신의 정치인이여! 기업인이여! 모든 시민이여! 3·8민주의거의 거룩하고 숭고한 정신을 다시 새겨 하루빨리 시민의 날로 제정하고 국민이 화합하고 통일을 앞당기는 일에 매진하자.

2010. 3. 8. 중도일보(20면)

87 남북의 차이 15cm

진화론과 창조론의 대립은 1800년대부터 이어져 왔다. 조물주가 세상 만물을 창조했다는 생각이 창조론이다. 돌연변이나 적자생존 같은 자연 환경적 요인에 의해 진화가 일어난다는 것이 진화론이다.

우리나라의 신비로운 풍광 속에 펼쳐지는 아름다운 단풍도 곤충과의 투쟁에서 생긴 진화의 산물이다. 단풍의 색은 대륙마다 서로 달라 유럽의 단풍은 노란색밖에 없으며 우리나라와 동아시아 북미대륙은 빨갛고 노란색을 띤다. 자신을 빨갛게 불태우는 아름다운 단풍의 빛깔도 생존을 위해 곤충과 사투를 벌이는 수단이다. 단풍에도 수만 년에 이르는 진화의 역사가 숨어있다.

우주 만물은 인과 법칙을 따른다. 모든 현상에는 출발점이 되는 원인이 있고 그로 인해 결과가 생긴다. 현생의 생물은 아주 복잡한 진화과정을 거쳐 생존하고 있는데 지금까지 발견된 화석은 진화 중간중간의 단계가 발견되지 않아 빈자리가 많다. 이 빈자리를 '잃어버린 고리'라고 하는데 생물의 진화과정에서 사라진 생물종(種)을 일컫는다.

조류가 파충류로부터 진화했음을 증명하는 '시조새' 및 어류와 육상동물의 경계선에 있는 '틱타알릭 로제'같은 동물화석 등은 진화의 단계에 있다. 또한 인류의 진화 역사 설정에 5000년 이상, 더 고대로 거슬러 올라가게 했던 '켄타우스 토레지'는 인류의 가장 오래된 조상이다. 이 동물은 여우 얼굴에 벌레 눈을 가진 쥐과 동물이었다.

얼마 전 미국 뉴욕의 자연사 박물관에서 공개된 이다(Ida)는 지금부터 약 4700만년 전의 동물화석으로 독일 프랑크푸르트 남동쪽 메셀 채석장에서 발견된 고양이 크기 만한 화석이다. 외형은 인간의 진화 계통에 속해있지 않은 여우원숭이를 닮았지만, 인간과 비슷한 유인원류의 특징을 많이 가지고 있어 인류의 조상일 것으로 보고 있다.

이 화석 주인공이 바로 '이다'이다. 날카로운 발톱 대신 유인원과 비슷한 손톱을 가지고 있으며, 인간처럼 마주하는 엄지손가락을 가지고 있다. 서로 마주하는 엄지손가락은 과일을 집거나 나무를 오르는데 도움이 되게 생겼다. 인간처럼 짧은 팔과 다리를 가지고 있으며 복사뼈의 형태도 인간과의 유사성을 보여주고 있다. 또 두 눈은 앞쪽을 향하고 있어 사물을 3차원적으로 구분하고 거리를 판단할 수 있도록 되어있어 과학자들은 '이다'가 인간 등 현재의 고등 영장류와 그들의 먼 조상 사이를 잇는 '잃어버린 고리'라 하고 심지어 어떤 학자는 '세계 8대 불가사의'라고 까지 한다.

원래 이 화석은 1983년 발굴 직후 두 조각으로 분리되어 개인 수집가에게 팔렸는데 그 중 하나가 미국 와이오밍의 한 시설박물관으로 갔고 다른 하나는 다른 수집가에게 넘어간 후 공개되지 않았다. 그러다가 2006년 독일 함부르크 화석박람회에 공개되지 않던 한 조각이 모습을 드러내 오슬로 대학 자연사박물관에서 그 화석을 사들여 미국 와이오밍에 있던 다른 조각과 함께 복원한 것이다. 이후 본격적 연구가 가능하게 되었고 화석의 전모가 공개되면서 '이다'라는 이름도 붙여졌다.

인류는 지난 150년 동안에도 인류 역사의 진화에 버금가는 변화를 보였다. 미국 성인 남자의 키가 5.3cm 커졌고 노화 속도도 늦춰져 수명이 연장되었다. 한국인 키도 1913년 162cm에서 이젠 173.3cm가 됐다. 아시아에서 가장 크다.

북한은 158cm에 불과하다. 남한에 비해 15cm나 작다. 남과 북의 신장 차이도 정치·경제적 환경 차이가 가져온 것이라 할 수 있다. 주변의 진화환경의 영향을 받는다는 사실을 거듭 웅변해준다. 북한의 평균키 158cm는 환경을 개선하면 키울 수 있는 것이다. 주민은 굶고 있는데도 북한이 미사일과 핵무기에 열중한다면 개선은 요원한 일이다. 남북은 한 민족인데도 수십년 사이 남한에 비해 왜소해진 북한 주민의 키에서도 통일의 필요성을 더욱 절감하게 된다.

2009. 11. 17(화)

88 북한, 그랜드 바겐 받아들여야

6자회담의 교착상태가 길어지는 가운데 북핵문제 해결을 위한 국제사회의 노력이 한층 강화되고 있다. 또 실무급의 북미 대화가 열릴 것으로 보여 북핵문제 해결을 둘러싼 동북아 정세가 급변할 가능성이 있다.

이런 가운데 이명박 대통령은 타협과 파행, 전진과 후퇴를 반복해 온 과거 패턴에서 탈피하여 북핵문제를 근본적으로 해결할 통합적 접근 방법으로 그랜드 바겐(Grand Bargain)을 제시했다. '새로운 평화구상'의 연장선에서 나온 핵폐기 방법으로, '비핵 · 개방 3000구상'을 기본으로 하고 있다. 핵물질과 핵무기까지 포함한 핵 포기 결단의 실제적 이행과 함께 국제사회의 안전보장과 대규모 경제 대북지원을 동시에 실시하는 북핵문제의 근본적 해결방법이다.

북한의 비가역적 핵 폐기를 확실히 할 수 있는 방안이다. 북한이 거부의사를 보였지만 일괄 타결이 북핵문제를 근본적으로 해결 할 수 있는 유일한 대안이다. 6자회담 참가국 중 5개국이 공감하고 있는 만큼 대화와 압박을 포괄하는 통합적 접근을 통해 북한의 태도 변화를 유도하면서 북한을 설득해 나가야 할 것이다.

얼마 전 임진강 수해 방지를 논의하는 남북대화가 있었다. 우리의 제안에 북한이 하루 만에 동의해와 이뤄졌다. 북한은 우리가 제안한 대화 날짜도 변경없이 그대로 받아들였다. 수해방지 문제는 남북관계가 해빙일 때조차 그리 쉽사리 응할 사안도 아니다. 2년 가까이 단절됐던 남북간 대화의 재개라는 의미가 작지 않다. 하지만 배경에는 남북간의 긴장완화 없이는 북미간의 대화도 원활하게 추진되기는 어렵다는 북측 판단도 있는 것으로 보인다.

하지만 북한은 황강댐 무단 방류에 대한 사과와 재발 방지대책을 의제로 삼는 우리 측의 대화 제의를 한 바로 그날 동해안에서 단거리미사일 5기를 발사했다.

이번에 발사한 KN-02 미사일은 최신 기종으로 수도권은 물론 평택 미군기지까지 사거리가 미칠 것으로 분석되며, 이동식 발사대와 고체연료를 사용하는 미사일로 기동성이 뛰어나다. 물론 단거리 미사일 발사도 모든 탄도미사일 발사를 금지시킨 유엔안전보장이사회의 결의를 무시한 행동이다.

압박과 대화를 내세우는 한미일의 '투트랙 정책'에 대한 북한 나름의 복합적 대응일 것이다. 군사적 과시는 물론 대남·대미 압박을 시도하면서 미국의 대북한 정책을 전환시키려는 의도로 보인다. 북한이 말하는 핵 포기와 핵우산을 포함한 미국의 한국 방위공약의 폐기, 나아가 주한 미군의 철수와 맞바꾸자고 할 수도 있는 북한의 의도가 보여 우리가 가장 경계해야 할 부문이다.

원자바오 중국 총리가 북한을 방문했을 때 북한은 "6자회담에 반대하지 않으며 미국은 물론 한국, 일본과도 관계개선을 희망하고 있다."고 밝혔다.

북한이 원 총리를 통해 6자회담에 보인 유연성은 기존의 입장보다 진전된 것이다. 하지만 북한이 핵을 포기하겠다는 구체적 의지를 표명할지는 여전히 의문이다. 원 총리가 전하는 북한의 입장을 분석해보면 핵문제 해결은 아직 낙관할 수 없다. 핵을 들고 위협하면서 동시에 관계 개선을 희망하는 듯한 북한의 태도가 앞뒤가 맞지 않는다.

국제 평화시설에 핵을 가지고 정면 도전하고 있는 북한의 행동은 복합적이어서 북한의 정확한 의도 파악이 중요하다. 우리는 빠르게 변화해 가는 국제정세 속에 휘둘리지 않고 냉철하고 신중한 판단으로 우리의 국익을 최대한 관철할 수 있는 방안을 마련해야 할 것이다. 북한이 한·미·일을 비롯한 국제사회와의 협력을 진정으로 바란다면 핵포기를 위한 그랜드 바겐의 진정한 실천만이 살 길임을 빨리 깨달아야 한다.

2009. 10. 20. 중도일보

89 천안함 폭침 1년을 맞으며

60년만의 혹한과 심각한 식량부족사태가 발생하고 있는 북한이 최근 추가 도발을 재개하겠다고 경고하고 있는 가운데 천안함 폭침 1주년이 됐다.

천안함 폭침 사건은 우리 국민이 북한의 실체와 안보의 현주소, 그리고 많은 과제들을 확인할 수 있는 계기가 되었고, 언제 어디서든 대남 군사도발을 자행할 수 있는 우리의 최대 위협 세력임이 드러났다.

그런데도 사회 일각에서는 북한의 핵 보유에 대한 비현실적 생각을 확산시키려고 노력하고 있으며 핵무기와 미사일이 한국의 안보에 가장 큰 위협이 된다는 사실마저 망각하고 있다. 북한은 막강한 재래식 전투력을 보유함은 물론 핵무기, 미사일, 장사정포, 화생무기, 특수전보대 등을 보유하고 있으며, 얼마 전에는 사이버전의 일환으로 디도스 공격을 감행하기도 하였다.

정부는 천안함 폭침과 연평도 포격 사건 이후 안보상황을 전반적으로 검토하고 안보시스템을 재정비하는데 관심을 기울이고 있다. 이를 위해 국가안보총괄점검회의를 구성하여 외부의 위협 평가와 우리의 안보태세 점검, 국방개혁 수립, 정보역량 검토 및 대책수립, 동북아 관계와 한미 안보 동맹 관계 점검, 국민의 안보의식 제고 등 안보정책을 재검토하는 노력을 진행하고 있다. 또한, 서해 5도 방어를 위해 서북해역사령부 창설과 서해 NLL 지역에서의 도발을 격파할 수 있는 군사력도 구축하기 위해 노력하고 있으며 북한의 막강한 재래식 무기 전력과 핵무기 등 비대칭 전력을 부수기 위한 우리의 무기체계도 개선해가고 있다.

그러나 더 중요한 것은 국민의 안보의식 제고 방안이다. 한국을 반대하는 세력들은 천안함 폭침사건을 북한의 소행으로 규정한 과학적 조사 결과를 부정하고, 의혹이 있다면서 국제 사회에 서한을 보내기도 했다. 어떤 인사는 이명박 정부의 거짓말이라고 몰아 붙였으며, 북한의 소행이 아니라 한국의 자작극이거나 미국의 소행 또는 부주의한 사고로 침몰했을 것이라며 남남 갈등을 유발시켰고, 대정부 불신을 조장하여 대한민국의 정통성을 부정하기도 했다.

우리는 한국이라는 공동체의 혜택을 받고 살고 있는데, 안보에는 관심이 없이 정부에 대한 비판 행위만 일삼고 있으며, 통일과 안보를 상치되는 이분법적 개념으로 인식하는 태도를 지향하면서 정부와 시민사회와의 소통과 공감의 채널을 통한 활성화된 여론을 막는 소행을 자행하고 있다. 또한 정통성과 가치를 허물기 위해 진보 대 보수, 친미 대 반미의 대립을 유도하여 사회혼란을 조장하려는 기도를 감행하고 있다. 그러니 우리나라 체제를 반대하는 반국가적 세력들을 어떻게 자정해낼 수 있을까를 고심해야 한다.

끝으로, 대북정책의 안정적 운영을 위해 한반도의 비핵화와 평화안전의 대북정책을 유지하고, 변화된 국제정세와 대북정세의 현실적 필요에 따라 유연하게 대화협상 수단을 최대한 활용해야 한다. 그러면서 북한의 직접적 군사 위협에는 두 배, 세 배로 대응하여 철저히 응징하고, 국민의 안보교육을 강화하고, 전문가 집단의 책임 있는 역할을 정려함은 물론 언론의 비판기능을 활성화하여 공고한 대한민국을 만들어야 한다.

2011. 3. 23(수) 중도일보(20면)

90 천안함의 진실에 대한 불신의 원인

천안함 사태는 국내외에 몇 가지 분야에서 큰 영향을 미쳤다고 볼 수 있다. 국내 정치는 물론, 남북관계, 북핵문제, 한미관계, 한중관계 및 경제문제 등이다. 그러나 이런 문제들의 영향보다 가장 크게 우려되는 것은 천안함 침몰 원인 발표 이후 우리 내부에서 팽배되어 가고 있는 사상적 갈등의 노골화다. 그로 인해 천안함은 다시 한번 침몰하고 있다.

침몰한 천안함을 건져 올렸을 때 우리 사회는 분노 속에서 완벽한 국방태세와 북에 대한 단호한 응징이 필요하다고 했다. 그런데 4개월이 지난 지금 응징에 대한 기력은 줄어들고 무사안일과 기회주의적 패배주의가 늘어가고 있다.

천안함을 침몰시킨 것이 북의 어뢰가 틀림없는 사실인데도 북의 소행을 믿지 않으려는 일부에서는 조사에 참여한 중립국 스웨덴을 비롯한 4개국 전문가들의 과학적 분석을 통한 의견과 정부 합동조사를 믿지 못하겠다는 반대 서한을 유엔에 보낸데 대해 보수와 진보가 전혀 다른 입장을 드러내 남남갈등을 키우고 있다.

민주 다원사회에선 표현의 자유가 있다. 그렇다고 해도 그 권리는 사실과 합리성을 기준으로 해야 한다. 이를 무시하는 참여연대의 주장은 괴담이 되어 퍼지고 있다.

이들의 주장을 사실로 받아들이는 사람들도 꽤 있다. 이런 현상은 무엇보다 정부에 대한 불만과 불신에서 나오는 것으로 보이지만, 사실을 왜곡하려는 시도는 온당하지 않다. 과학과는 거리가 먼 '카더라' '아니면 말고' 식의 근원 없는 유언비어가 퍼지면서 합리적 의심이라는 망국적 태도가 생겨나 안보의식이 상실되어가고 있다.

동서대학교 국제문제연구소장으로 있는 미국인 B.R. 마이어 교수가 "남한의 집단적 무시"라는 제목으로 뉴욕타임스에 기고한 글에서 한국인의 이상한 국민성과 사회분위기를 "여중생들이 미군 장갑차 사고로 죽었을 때는 흥분하던 한국인들이 자국 군함이 적에 의하여 격침되고 46명이 죽은 데 대하여는 분노하지 않는게 희한하다"고 하였다.

또 자산이 근무하는 대학의 재학생 문영욱씨가 천안함에서 근무 중 전사했다며 "김정일 정권에 대하여 진정한 분노를 표출하는 우리대학 사람들이 너무 적은데 충격을 받았다"라는 지적도 했다.

국가안보는 정쟁의 대상이나 이념적 대립이 있을 수 없는 것으로, 국민 모두가 하나가 되어야 하는 우리의 의무인 것이다.

일부에서는 천안함 사태에 대해 북한에는 침묵하면서 우리 군을 비방하는 사고와 인식을 보이고 있다. 이 또한 우리의 안보를 해치는 결과를 낳을 것이 분명하다. 2차 대전 당시 일본이 진주만을 기습 공격하여 군함 9척과 수천 명의 사상자를 냈을 때 미국인들은 일본을 규탄했지 군을 비방하지는 않았다.

천안함 사태 이후 한반도의 안보 지형은 과거 어느 때보다 불안해지고 있다. 이런 때일수록 국가의 생존과 국민의 안녕을 위해 일치단결한 단호한 대응을 해야한다. 체제 위기에 몰린 북은 앞으로도 도발과 협박을 할 것이 분명하다.

북한 정권이 존재하는 한 도발을 원칙적으로 막을 도리는 없다. 다만 우리가 두 배, 세 배의 응징으로 되갚아 주겠다는 확고한 태도를 견지하는 것이 도발을 막을 최선의 방어다.

우리 사회에서 통일과 안보가 상치되는 이분법적 개념으로 인식되는 경향이 있는데 통일과 안보는 순치 같은 것으로 균형있게 인식하는 새로운 안보 담론을 형성해 나아가야 한다. 그러기 위해 단절과 대치를 막아야 한다.

정부와 시민사회와의 소통, 여론층의 소통도 필요하다. 이로 인해 우리사회의 안보의식도 굳건해 질 수 있을 것이다.

2010. 7. 23. 중도일보(20면)

91 무상복지를 염려한다

2009년 우리나라의 국가부채는 934조 400억원으로 사상 최대다. 앞으로 저출산 문제와 고령과, 그리고 통일 비용 등 가늠하기조차 힘든 규모의 재정수요가 많이 있다. 내년에 실시 될 총선과 대선을 앞둔 시점에서 복지 포퓰리즘에 대한 '무상시리즈'의 문제는 사회적 조건이 문제를 야기하는 것이 아니고 특정인과 집단의 주관적 해석이 사회문제가 되는 상호작용 이론을 통해 정치권에서 뜨거운 논쟁을 계속하고 있는 것이다.

복지는 우리사회의 매우 중요한 국가적 어젠다이며 국가의 지속성장을 위해서도 성장단계에 맞는 복지가 필요하다. 지속 가능한 복지는 외연적 확대보다 효율성과 재정건전성이 우선시되어야 하며, 단순한 극빈이 아니라 자활이 가능한 복지를 구축하는 것이 복지와 성장의 상승작용을 할 수 있다. 그러기 위해서는 무조건 수혜자를 늘리기보다는 현재 시행하고 있는 정책들을 정비하여 꼭 필요한 사람이 혜택을 받을 수 있도록 하는 것이 바람직하다.

보편적 복지라는 말 속에는 능력에 따른 부담이라는 중요한 원칙이 매몰되고 있다. 사회가 나누어야 할 책임을 강조한 나머지 수평적 형평성과 수직적 형평성에 맞지 않는 것은 물론 개인이 져야할 책임까지 약화시켜 유럽의 복지국가들의 폐해를 답습하고 와해된 사회주의 국가들의 형태로 만들어질 가능성이 크다.

저소득층에 시행하고 있는 무상급식을 의무교육 대상인 초·중 학생 전체로 확대하자는 주장의 시작은 무상의료, 무상교육, 반값 등록금 그리고 주거 복지까지 계속 넓히고 있다. 무상급식으로 유·무상의 차이에서 가질 수 있는 심리적 아픔을 같이 밥을 먹게 함으로써 없애보자는 의도라고 하지만 그렇다면 옷도 같은 색깔의 같은 종류로 입혀야 할 것이고, 방과 후에 하는 영어 과외나 예능 과외도 같이 하도록 해야 하고, 게임 기계나 휴대폰도 같은 것을 갖도록 해야지 그렇지 않을 경우 가시적 차이로 인한 마음의 아픔은 어떻게 할 것인가?

또한, 급속도로 고령화 되어가는 지금 무상의료는 어떻게 할 것인가? 2009년 건강 보험 공단은 1조 3000억원의 적자를 냈다. 대상자의 양적 증가가 가장 큰 원인이다. 의료 기술은 질적인 면에서 장비, 기술, 약품들이 새로이 개발되어 값이 상승하고 있다. 10%에 미치지 못하는 공공의료기관의 여건 속에 물리적 대응은 어떻게 할 것인지?

저출산이 문제시되고 있는 상황에서 보육비 경감은 중요한 과제이다. 모든 아동에 대해 전액 유치원과 어린이집 비용을 지원하거나 양육수당을 준다면 5조원 정도가 든다고 한다.

함께 살아가고 있는 사회가 건강하고 행복을 느끼기 위해 어려운 이웃을 돕는다는 것은 매우 중요한 일이다. 그러나 그 대상을 국민 70%, 아니 전체 국민을 대상으로 삼는 것은 넌센스다. 부담할 능력이 있고 부담을 할 의사도 있는 사람들까지 무상복지의 테두리에 묶는 것은 이해할 수 없는 처사이기 때문이다.

복지 포퓰리즘은 재정 확보가 중요하고 복지와 성장의 조화 등 기본적으로 고려해야 할 부분을 도외시 할 가능성이 많아 잘못하다가는 국가적 재앙이 되어 유럽의 몇 개 나라처럼 될 것이다. 복지 확대 문제는 그 정책을 도입하고 시행하는 집단이나 사람이 즉시 평가를 받는 것이 아니고 얼마간의 시차를 갖게 된다. 현재의 이익을 나누는 것이 고스란히 우리 국민의 세금일 수밖에 없고, 얼마 후에는 우리의 후손들에게 부메랑으로 돌아오며 결국 국가재정을 파탄 낸다는 것을 명심해야 한다.

정책을 결정하거나 지도층에 있는 사람은 특정 정책을 수립할 때 그 정책이 관련된 시민들의 반응과 만족 수준, 그리고 국가의 재정현황과 앞으로 미칠 영향을 반드시 고려해야 함에도 당장의 인기에만 영합하고 나중에 책임을 지지 않는 지도자들이 있다면 이보다 더 큰 문제는 없다.

2011. 2. 25(금) 중도일보

92 노인 장기요양 보험에 대해

노인 장기 요양 보험은 기존의 노인복지법을 기준으로 저소득층 위주의 일반적, 제한적, 개별적 체계에서 벗어나, 소득에 관계없이 장기요양 필요에 따라 서비스를 제공하는 보편적 제도다. 장기요양이 필요한 65세 이상 노인 및 치매·중풍 등 노인성 질환을 가진 65세 미만의 국민 모두가 이용가능하다. 서비스 이용자의 권리와 선택이 보장되는 이용자 중심의 보험제도로서 장기요양 대상노인의 기능상태 및 환경, 노인 자신과 그 가족의 희망에 의한 계약을 통해 서비스 제공자를 선택 할 수 있는 제도다.

장기요양 서비스를 외국에서 정의한 것을 보면, WHO는 보건시스템과 사회시스템을 통합한 부분으로 비공식적·공식적 요양보호자, 자원봉사자들이 보호가 요구되는 사람들에게 제공하는 모든 활동이라고 정의하고 있다. OECD에서는 노인 또는 이미 의존적인 상태에 빠져있거나, 생활에 장애를 지닌 노인에게 장시간에 걸쳐서 일상생활 수행능력을 도와주기 위해 제공되는 모든 형태의 보호서비스로 정의하고 있다.

일본에서는 신체상 또는 정신상의 장애가 있어 입욕, 배설, 식사 등 일상생활에 기본적인 동작의 전부 또는 일부에 대해 후생노동성이 정한 기간 동안 상시개호가 필요하다고 보이는 사람에게 제공하는 서비스로 정의하고 있다. 독일에서는 신체적, 정신적, 지적 질병이나 장애로 일상생활 과정에서 정기적으로 반복되는 동작이 장기간(6개월 이상) 요양을 필요로 하는 자에게 제공하는 서비스로 정의하고 있다.

2000년에는 우리나라 인구의 7.2%가 노인인구로 고령화 사회에 진입하였고, 2018년 14.3%, 2026년 20.0%로 높아지면서 초고령화 사회로 진입하게 된다. 2050년엔 37.3%로 세계에서 최고령 사회가 될 전망이다.

현재 우리사회도 핵가족화 여성사회 참여증가, 요양보호 대상자의 보호기간 장기화 등으로 가정에서 돌보는 것은 한계에 도달하였다. 치매·중풍 등의 노인을 돌보는 가정에서의 비용 부담, 부양문제로 인한 가족간의 갈등으로 가정이 파탄나고 있는 실정이다. 국민 노후에 대한 불안 해소 및 거동 불편 노인의 삶의 질 향상과 부양 부담을 경감하기 위하여 꼭 필요한 제도가 노인장기요양보험이다.

전국으로 노인 인구 546만 여명의 5.8%인 31만5000명(2011년 2월 현재)이 수급자로 판정을 받아 서비스를 받고 있으며 이 중 4만8000여명의 수급자가 인정 유효기간 종료를 앞두고 있어 지난 달부터 갱신 신청을 받고 있다. 현재 수급자의 평균연령은 81세이고, 전체 수급자의 68%(21만2790명)가 75세 이상의 후기고령자이며 특히 여성수급자가 71%(22만1951명)이다.

요양서비스가 필요한 수급자는 유효기간을 정해 인정서를 교부하게 되며 유효기간은 1~2년이다. 장기요양급여를 계속 이용하고자 할 때는 수급자는 인정 만료 전에 장기요양 수급권을 재 인정받아야 하는데, 유효기간이 만료되기 90일전에 신청해야 한다. 공단에서는 이를 도와주기 위하여 대상자에게 개별 통지를 하고 또 갱신 시기를 놓치는 일이 없도록 전화로 재차 안내하고 있다. 4월부터 7월까지 전체 수급자의 약 35%(11만1675명)가 갱신 신청을 앞두고 있어 유효기간을 확인 후 건강보험공단 운영센터에 문의하여 기한 내 신청을 완료해야 한다.

장기요양보험이 시행된 지 4년에 접어들면서 신규신청비율과 갱신비율이 같이 높아지고 있으며 다양한 민원처리도 계속 늘어나고 있는 실정이어서 직원들은 거의 휴일이 없이 근무하고 있다. 이는 노인들의 행복한 노후를 위한 중요한 제도이기에 구슬땀을 흘리는 것이고, 또한 등급판정 심의위원들도 세심하게 상태를 검토하고 의사 소견서를 살펴 한 사람이라도 불이익을 당하지 않고 혜택을 받을 수 있도록 공정성과 형평성에 어긋나지 않도록 노력하고 있다.

지금 장기요양을 받고 있거나 신청한 노인들이 바로 미래의 우리 모습이 아닐 수 없다.

2011. 5. 12. 중도일보

93 노인의 날을 보내며

지난 2일 노인의 날을 보내면서 우리사회의 경로사상을 다시 생각해 보는 시간이 됐다.

며칠 전 친구들 다섯이서 저녁을 먹으러 선화동에 있는 모 식당을 찾았다. 음식을 시키고 나니 식당 앞 주차장에서 계속적으로 차량경보음이 2~3분 간격으로 울리는 것이었다. 30여분이 지나도록 계속하여 울리니까 식당에 있는 손님들이 식당주인에게 식사를 할 수가 없으니 나가서 경보음이 울리지 않도록 차량에 연락처가 있으면 연락을 하여 경보음을 끄도록 부탁을 했다. 식당 주인이 밖으로 나가서 차에 있는 전화로 연락을 하니 남자가 받으면서 아는 여자의 차니 연락을 하겠다고 했다는 것이다. 그러나 경보음은 계속 울리고 있었다.

식당에는 세 팀의 손님들이 있었는데 모두들 시끄러움 때문에 한마디씩

했다. "빨리 좀 끄지 시끄러워서 음식을 먹을 수가 없네." 또는 "왜 경보음이 오래 울리는 거야, 빨리 와서 끄지"등 불만을 토로하고 있는 중 전화한지 10여분이 지나 식당주인이 20대정도의 차량주인인 듯한 여자가 왔다고 했다.

일행 중 나이가 가장 많으면서 예절에 밝은 노인이 밖으로 나가 왜 경보음이 계속해서 울리느냐며 경보음을 끄라고 하니까 차주라는 여성은 경보음을 끌 생각은 안하고 차량 정비하는 곳에 연락을 하며 "나는 잘못이 없어요, 차가 그러는거지. 내가 그런게 아니잖아요?"라고 짜증섞인 말을 했다고 한다.

노인이 "나쁜사람 같으니라구. '미안합니다'라고 하면 될 것을…"하고 식당으로 들어와 식사를 하려고 하는데 잠시 후 20대로 보이는 건장한 젊은이가 식당으로 들어왔다. 그 젊은이는 "어떤 놈이 내 마누라에게 욕을 했어?"라고 큰소리를 치면서 노인들이 식사하는 테이블 앞에서 삿대질을 하는 것이었다. "야, 젊은 사람이 노인들에게 '놈'이라니 당신 이렇게 해도 되는거야"하며 나이가 가장 많은 노인이 일어서니까 식당주인과 같이 온 일행이 말려서 젊은이는 밖으로 나갔다. 노인은 "젊은이는 가르쳐야 돼. 저렇게 버르장머리가 없어서야"하면서 밖으로 나가 젊은이이게 "당신 할아버지뻘 되는 노인들에게 자초지종도 들어보지 않고 욕을 해도 되는가?"하니까 "야 XX야. 네놈이 먼저 내 마누라에게 욕을 했잖아"하면서 달려들어 노인을 때리려 했단다.

그러니까 차주인인 여자가 남자의 몸을 감싸며 말려 노인은 맞지 않았다. 5분쯤 후 경찰관 두명이 와서 상황을 보고 양측의 이야기를 듣고는 노인에게 들어가 식사를 하라고 해 노인들은 들어와 식사를 하고 젊은이들은 차를 타고 갔다.

요즘 우리 주변에서 흔히 볼 수 있는 실제상황 이야기다.

문제는 대전이라는 곳이 효의 본 고장이요, 효 문화센터를 세우고, 효의 진흥을 위해 노력하는 한국을 대표하는 예절의 고장이다.

젊은이가 노인에게 마구 대하고 욕을 해도 법적으로는 어떤 책임도 없다. 현실에서 젊은이가 잘못을 했을때 "당신이 잘못했다"고 꾸짖음을 줄 수 있는 노인층이 사라질까 봐 걱정이 된다.

정치 하는 분들이여! 법을 다루는 분들이여! 경로효친사상에 따라 젊은이의 잘못을 꾸짖고 충고할 수 있도록 법 좀 만들어 달라.

노인을 위한 일자리 창출도 좋고, 건강을 위한 체육대회도, 또 노인의 날이라고 기념식을 하는 것도 좋지만 노인들이 이 사회에서 자랑스럽진 않아도 그냥 노인답게 살 수만 있도록 도와주면 좋겠다.

2012. 10. 5(금) 중도일보

| 축사 |

김선균 학형의 정년에 즈음하여

최우영
충남대학교 명예교수

대전고등학교 시절 틈만나면 농구장에서 철없이 족구하던 우리들인데, 어느덧 정년퇴임에 인생의 황혼기를 맞게 되니, 그동안 50여년의 긴 시간이 훌쩍 뛰어넘어가 버린 느낌입니다.

더구나 오늘 이렇게 김교수의 제자들이 정성들여 마련한 정년기념 축하 잔치에 임하고보니, 비슷한 처지이면서도 이 같은 자리를 갖지 못한 저로써는 한없는 부러움과 존경의 마음을 금할 길 없습니다.

김교수를 다시 만난 건 대학시절이었습니다. 강의를 함께 수강하기도 하고, 군사교육을 받아 ROTC 3기로 함께 임관하였으며, 전역 후에는 같은 시기에 대학원을 다녔으니, 너무도 큰 인연입니다.

우리나라 동물생리학/번식학 분야를 선도하셨던 김영묵교수 밑에서 내분비 분야의 훌륭한 논문으로 석사과정을 마친 김교수는, 중단없이 성균관대학교 대학원에 진학하여 1979년 2월에 이학박사 학위를 취득하였습니다. 당시 구제박사(논박) 제도가 살아있던 시절에, 코스워크(ph.D)로 박사과정을 공부한다는 것이 얼마나 힘든 길인지 지금은 상상조차 어려웠고, 그 희귀성으로 보아 국내 이학박사 총 수가 몇이 되지 않았던 것으로 회고합니다. 성균관대학은 연구시설이 갖추어져 있어서 서울대학에도 없는 전자현미경을 유일하게 보유하였던 때입니다. 이러한 대학원과정이 김교수의 학문적 기초와 열의를 다지는 중요한 계기가 되었으리라 봅니다. 어려운 연구여건 하에서도 꾸준히 논문을 발표하여 이렇게 기념논문집을 엮게 된 것이지요.

대학에서 교수의 3대 기능을 교육, 연구 그리고 사회봉사라고 한다면 저는 김교수의 교육과 연구는 성공적이라고 이미 말씀드린 셈입니다. 김교수가 길러낸 제자들이 사회에 진출하여 각계각층에서 성공하였고 내가 잘 아는 어느덧 중견교수가 되어버린 이수기 박사도 그 중 한 인물이지요. 오늘 이 자리가 곧 성공적인 교육의 결과라고 보아야겠지요. 저로서는 고 김정우 이사장님이 뿌리신 씨앗이 우리 김선균 교수를 통하여 열매를 맺은 것이 아닌가 생각해 봅니다. 퇴직하는 우리 김교수의 노력이 이제 한 줌 밑거름이 되어, 앞으로 우송캠퍼스의 도약적인 발전을 기대하는 것입니다.

김교수의 사회봉사에 관해서는 여러분이 잘 아시는 바와 같습니다. 중앙부처 및 지방자치단체의 각종 위원 및 자문위원으로 봉사하였으며, 때로는 일간신문의 지정 논객으로서 우리사회의 오피니언리더의 역할을 수행하였으며, 한편 우리지역에서는 3·8민주의거기념사업회의 사무처장으로서 충청인의 나라사랑 정신을 후세에 계승시키고자 노력하고 있습니다.

높은 하늘을 나는 대붕처럼 큰 발걸음으로 교육, 연구, 사회봉사의 기능을 다해낸 김교수... 김교수를 보고 저는 반성합니다. 참새처럼 잘게만 살아온 내 모습을 반성합니다.

이제 김교수는 화목한 가족 특히 훌륭한 사회인으로 성장한 자녀들과 함께 노년을 즐겁고 아름답게 보낼 것이 분명합니다. 그리고 내외분이 오래오래 장수하실 것이 분명합니다. 수년전 큰 교통사고를 극복하면서 그 때 이미 하늘나라에서 천천히 와도 좋다는 싸인이 있었답니다.

감사합니다.

2009. 8. 22

| 축시 |

그 길에서 문학의 시간을 얻다

– 김선균 교수 시사에세이집 출간을 축하하며

김용재
시인, UPLI한국회장

길 가다가
어른어른한 뜻 하나 얻어
그 속을 파 보기로 했네요
칠십이 넘은
저녁 무렵이었지만
의기양양, 득의한 눈부심이
돌을 차듯
넘치는 것이기도 했네요
마른 붓에 물감을 칠해
글을 그린다고 치면
소요(逍遙)도 뜻으로 익어
슬슬 길을 밝히겠네요
오늘 다시
그 길에서 문학의 시간을 얻다,
날개이듯, 소리치는
구호 하나 펄럭이네요